사도신경

The Apostles' Creed

전능하사 천지를 만드신 하나님 아버지를 내가 믿사오며,
그 외아들 우리 주 예수 그리스도를 믿사오니,
이는 성령으로 잉태하사 동정녀 마리아에게 나시고,
'본디오 빌라도'에게 고난을 받으사,
십자가에 못박혀 죽으시고,
장사한 지 사흘 만에 죽은 자 가운데서 다시 살아나시며,
하늘에 오르사, 전능하신 하나님 우편에 앉아 계시다가,
저리로서 산 자와 죽은 자를 심판하러 오시리라.
성령을 믿사오며, 거룩한 교회와,
성도가 서로 교통하는 것과,
죄를 사하여 주시는 것과, 몸이 다시 사는 것과,
영원히 사는 것을 믿사옵나이다.
아멘.

손끝에서 피어나는 성도의 자유와 소망

갈라디아서와 옥중서신

따라쓰기

Hand Copying Scripture

손끝에서 피어나는 성도의 자유와 소망

갈라디아서와 옥중서신

따라쓰기

Hand Copying Scripture

개역개정

시작한 날 . . .

마 친 날 . . .

따라 쓴 이

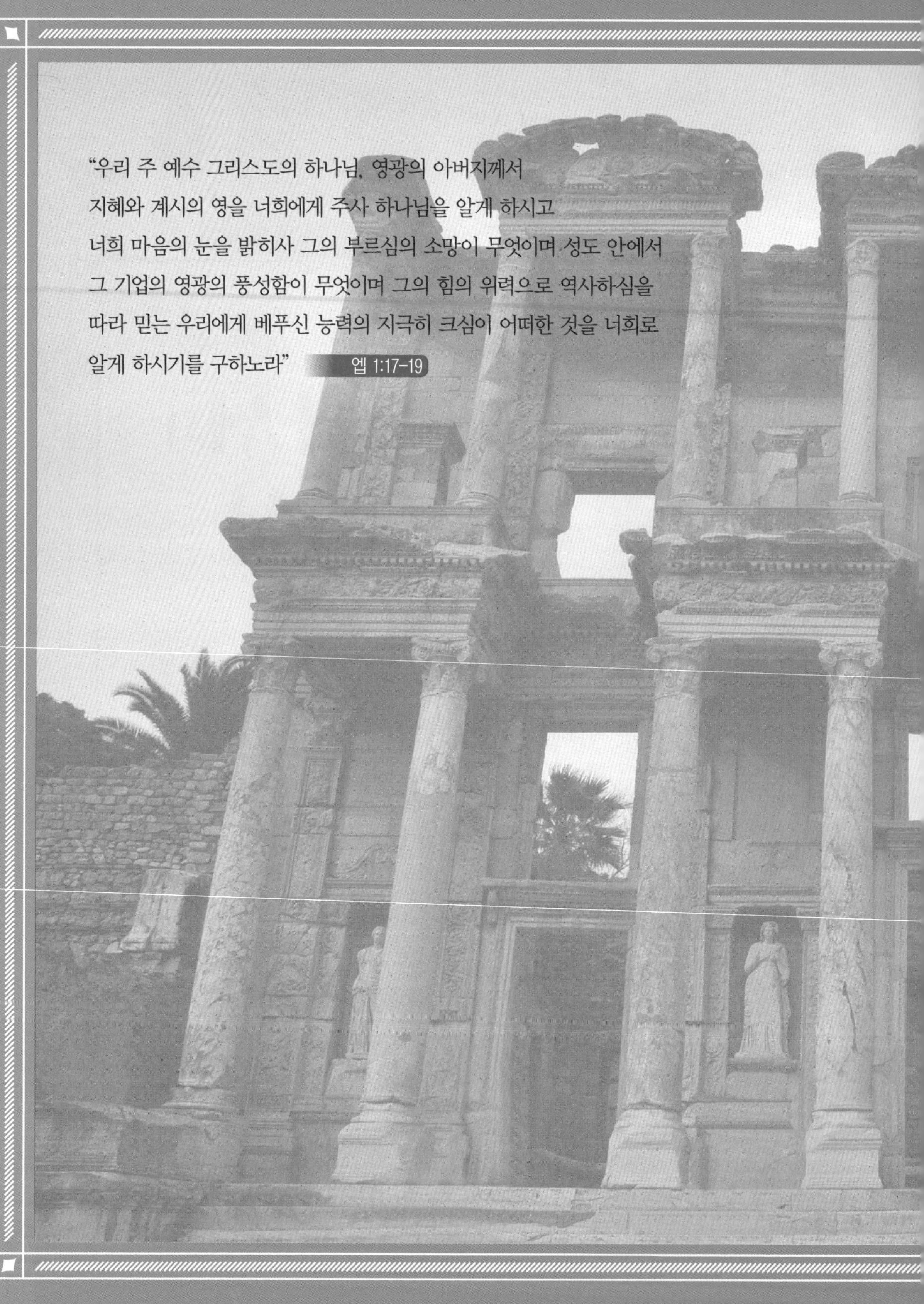

"우리 주 예수 그리스도의 하나님, 영광의 아버지께서
지혜와 계시의 영을 너희에게 주사 하나님을 알게 하시고
너희 마음의 눈을 밝히사 그의 부르심의 소망이 무엇이며 성도 안에서
그 기업의 영광의 풍성함이 무엇이며 그의 힘의 위력으로 역사하심을
따라 믿는 우리에게 베푸신 능력의 지극히 크심이 어떠한 것을 너희로
알게 하시기를 구하노라" 엡 1:17-19

에베소 두란노 서원

· 손끝에서 피어나는 성도의 자유와 소망 ·

갈라디아서와 옥중서신 따라쓰기 표

21일 동안 따라쓰기

일차	본문	√	일차	본문	√
1	갈라디아서 1장	□	13	빌립보서 1장	□
2	갈라디아서 2장	□	14	빌립보서 2장	□
3	갈라디아서 3장	□	15	빌립보서 3장	□
4	갈라디아서 4장	□	16	빌립보서 4장	□
5	갈라디아서 5장	□	17	골로새서 1장	□
6	갈라디아서 6장	□	18	골로새서 2장	□
7	에베소서 1장	□	19	골로새서 3장	□
8	에베소서 2장	□	20	골로새서 4장	□
9	에베소서 3장	□	21	빌레몬서 1장	□
10	에베소서 4장	□			
11	에베소서 5장	□			
12	에베소서 6장	□			

손끝에서 피어나는 성도의 자유와 소망

활용법 일러두기

1. 갈라디아서와 옥중서신에 대한 이해를 돕기 위해 개괄적인 해설을 집필했습니다.
2. 계획을 세워 갈라디아서와 옥중서신을 따라쓸 수 있도록 21일 플랜을 제시했습니다.
3. 성경 본문을 실어 따라쓰기가 용이합니다.
4. 각 권의 말미에 은혜 받은 내용을 정리할 수 있는 묵상과 기도란을 마련했습니다.

손끝에서 피어나는 성도의 자유와 소망

한 눈에 이해하는 갈라디아서와 옥중서신 개관

갈라디아서와 옥중서신을 알아봅시다.

❶ 갈라디아서

저자 바울

저작 연대 A.D. 48–49년경(남갈라디아설) 또는 A.D. 55–56년경(북갈라디아설)

장소 안디옥이나 에베소에서 저술

수신자 갈라디아교회

기록목적

한편으로는 갈라디아교회에 들어온 잘못된 율법주의 구원론을 경계하고, 다른 한편으로는 은혜로 받는 구원의 복음을 방종의 기회로 삼는 율법폐기론자들의 가르침을 반박하면서 자신의 사도권과 함께 이신칭의 복음의 정당성을 입

증하여 갈라디아교회를 복음 위에 든든히 세우려는 목적으로 저술했다.

주요 개요

바른 가르침은 바른 권위에서 나온다. 바울은 자신이 복음의 주인이신 예수 그리스도의 사도임을 천명하면서(갈 1:1), 자신이 전하는 완전한 은혜의 복음의 출처 역시 예수 그리스도임을 분명히 하고 다른 복음은 없다고 단호하게 선언한다(갈 1:6-7).

율법은 완전히 지킬 수도 없으며, 율법에 순종하는 수준으로 우리의 구원이 결정되는 것도 아니다(갈 3:10-11). 오직 그리스도만이 우리를 율법의 저주에서 속량하여 자유를 주신다(갈 3:13).

하나님이 그리스도 예수를 통해서 우리를 은혜로 구원하셔서 주시는 자유는 하나님의 성령께 순종하기 위해서 주신 것이다.[1] 이 자유를 온전히 누리면 성령님이 성도의 삶 안에서 역사하셔서 그리스도의 성품, 곧 성령의 '열매'를 맺게 하심을 경험하게 된다(갈 5:22-23).

내용분해[2]

① 서론(1:1-9)

② 바울의 사도 자격에 대한 변호(1:10-2:21)

③ 유대주의자들의 도전에 대항하여 이신칭의 복음만을 주장함(3:1-5:12)

④ 성령으로 말미암은 새 생활(5:13-6:18)

❷ 옥중서신(獄中書信)이란?

옥중서신이란 바울이 로마에 도착한 후 1차 감금 기간(A.D. 61-63) 동안 골로새서, 빌레몬서, 에베소서 그리고 빌립보서 순으로 작성한 총 4권의 서신서를 일컫는 말이다. 저작 장소가 로마의 옥중이었다는 점, 골로새서(교회)와 빌레몬서(골로새 교회 장로)는 같은 교회를 배경으로 하고 있다는 특징이 있다. 그러나 각각의 서신

1 더글러스 코널리, 『스마트 통성경』, 전의우 역 (서울: 요단, 2012), 387.
2 대한성서공회, "갈라디아서," 『뱁티스트 성경전서』 (서울: 대한성서공회), 2016.

서는 저작 목적을 달리하고 있다.

골로새서는 이단문제를 해결하기 위해 썼다. 골로새교회는 바울의 제자인 에바브라가 개척한 교회로(골 1:7), 장로인 빌레몬의 집에서 모임을 가지고 있었다(몬 1:2). 골로새교회에 이단 문제가 발생하자 에바브라가 바울에게 도움을 청하러 로마감옥으로 찾아왔고 이때 골로새서가 쓰여졌다.

빌레몬서는 다른 서신서와는 달리 사적인 차원의 서신서이다. 바울은 골로새서를 쓰면서, 골로새교회의 장로인 빌레몬에게 별도의 편지를 썼다. 내용은 빌레몬에게서 도망친 종, 오네시모를 용서하라는 것이다(몬 1:17-21). 사적인 차원의 관심에서 비롯된 서신서이나 당시 사회 신분 구조를 생각해보면, 교회 공동체가 세상과는 다른 관계로 맺어져 있음을 엿볼 수 있다.

에베소서는 공동체나 개인의 구체적인 문제를 해결하기 위한 서신서가 아니다. 교회가 어떤 공동체인가에 대한 새로운 통찰을 알려 주려는 편지이다.

빌립보서는 옥중서신 중 가장 마지막에 기록되었다. 이 서신서는 바울의 사역을 지지하고 후원한 빌립보 교인들에 대한 감사와 권면을 담고 있다

골로새서, 빌레몬서와 에베소서는 두기고와 오네시모가 에베소교회와 골로새교회에 들려서 직접 전달하였고 바울의 소식을 자세히 전해주었다(골 4:7-9).

빌립보서는 빌립보에서 바울의 사역을 돕다가 병에 걸렸다가 완치되어 돌아가는 에바브로디도가 전달하였다(빌 4:18).

❸ 에베소서

저자 바울

저작 연대 A.D. 62년경

수신자 에베소교회

기록목적

교회는 창세 전부터 계획된 하나님의 경륜에 따라 그리스도 안에서 이방인과 유대인 하나되어 한 몸을 이루는 공동체임을 알려 당시 에베소교회를 포함한 아시아 교회들의 분열을 방지하려는 의도로 기록되었다.

주요 개요

바울이 에베소서에서 다루는 중요한 주제는 "이 세상에 대한 하나님의 궁극적인 계획은 무엇인가"이다. 이에 대해 "하늘에 있는 것이나 땅에 있는 것이 다 그리스도안에서 통일되게 하려 하심이라"(엡 1:10)고 답한다.[3] 이를 통해 유대인과 이방인 사이의 연합을 강조하고 있다.

바울은 육체적으로 이방인이든 유대인이든지 간에 신자라면 하나님께서 창세 전부터 세우신 계획에 따라 그리스도 안에서 그리스도의 부요함과 은혜와 영광을 함께 상속받은 상속자임을 강조한다. 상속자인 성도는 "한 새 사람"(엡 2:15)으로서 "머리"(엡 4:15)이신 예수 그리스도의 지시를 받는 "한 몸"(엡 2:16)이며, 한 "건물"(엡 2:21), 곧 성령이 거하시는 성전이고, 한 "권속"(엡 2:19)으로 아버지 하나님의 가족이라는 것이다.[4]

바울은 하나님께서 하나님의 상속자된 성도를 통해 성부 하나님과 성자 하나님, 곧 예수 그리스도께 찬양과 영광을 돌리는 새로운 사회를 만들어 가신다고 말한다.[5] 이를 가능하게 하시는 분이 성령이시며 이 새로운 사회를 위한 안내서인 성경을 통해 성도가 어떤 삶을 사는지를 배우게 되는 것이다.

내용분해[6]

① 인사(1:1–2)

② 그리스도 안에 있는 교회(1:3–3:21)

③ 교회 안에 거하는 성도의 생활(4:1–6:20)

---

3 필립 얀시, 팀 스탠퍼드, 『필립 얀시의 별미 성경여행』, 전방욱 역 (서울: 요단, 2009), 410.
4 더글러스 코널리, 387.
5 Ibid.
6 대한성서공회, "에베소서," 『뱁티스트 성경전서』(서울: 대한성서공회), 2016.

④ 끝맺는 인사(6:21-24)

❹ 빌립보서

저자 바울

저작 연대 A.D. 60-62년경

수신자 빌립보교회

기록목적

바울에 대한 전적인 신뢰 속에서 몇차례의 연보를 통해 사역을 후원했던 빌립보교회에 대한 감사를 전하면서 자신에 대한 소식 그리고 교회를 위한 권면을 위해 기록했다.

주요 개요

바울은 자신의 복음 사역이 연보로 인해 발생할 수 있는 오해로 왜곡되고 자신이 사기꾼으로 매도되는 것에 대해 깊이 경계했다. 그래서 다른 교회로부터 오는 연보를 거절하기까지 했고, 자비량 사역을 했다. 그러나 빌립보 교인들은 바울을 신뢰해 여러 번 후원을 했다.[7] 바울이 로마에서 감금된 후에도 에바브로디도를 보내 위로와 도움을 주었다. 빌립보서는 이에 대한 바울의 깊은 감사의 마음을 전하고 있다.

빌립보서는 바울의 교회를 향한 권면도 포함하고 있다. 특히 성도들이 그리스도를 본받아 서로에 대해 겸손한 태도로 하나될 것을 강조한다. 또한 "그리스도의 십자가의 원수"(빌 3:18)인 거짓교사들이 자신들의 사욕을 위해 교회를 분열시키는 것을 경계하라고 한다. 성도의 하늘의 시민권을 가진 자로서 주 예수 그리스도를 기다리며 그리스도 예수 안에서 하나님이 위에서 부르신 부름의 상을 위해 달려가라고 격려한다(빌 3:14, 20).

바울은 자신이 감금당한 같은 고난 속에서도 여전히 기뻐할 수 있는 비결이

7 필립 얀시, 팀 스탠퍼드, 415.

하나님께서 모든 상황을 주관하고 계시며, 이를 통해 우리를 그리스도의 성품을 닮도록 일하고 계심을 확신하기 때문이라고 말한다(빌 2:12-18, 4:10-13).

내용분해[8]

① 서론(1:1-11) 및 사도 바울의 개인적인 상황(1:12-26)
② 사도 바울의 권면(1:27-2:18)
③ 동역자들에 대한 소식(2:19-30)
④ 사도 바울의 영적인 열정(3:1-21)
⑤ 그리스도인의 미덕을 권면함(4:1-9)
⑥ 헌금에 대한 감사의 표시(4:10-20)
⑦ 결론: 문안과 축복(4:21-23)

5 골로새서

저자 바울

저작 연대 A.D. 61년 겨울-63년 봄

수신자 골로새교회

기록목적

골로새교회에 들어온 이단을 반박하고 온전한 복음의 핵심을 전달하여 골로새교회를 든든히 하기 위하여 기록했다.

주요 개요

1세기 골로새교회는 몇가지 위협에 직면해 있었다. 첫째는 동방 무역로에 위치한 지리적 특성 때문에 사이비 종교가 창궐했다.[9] 천사들과 상의 영혼을 숭배하는 유대인도 있었으며, 예수님과 이방 신들을 함께 믿어도 상관없다는 주장도 등장했다.[10] 둘째는 율법주의자들은 하나님께 인정받기 위해서는 예수그리스도를 믿는 믿음과 함께 새로운 규범을 따라야 한다고 했다. 셋째는 예수님의 신성

8 대한성서공회, "빌립보서," 『뱁티스트 성경전서』(서울: 대한성서공회), 2016.
9 필립 얀시, 팀 스탠퍼드, 417.
10 더글러스 코널리, 395.

을 부인하며 자신들은 바울이 다 말해주지 않은 나머지 진리를 이야기해준다고 주장하는 사람들이다. 마지막으로 온전한 믿음에 도달하려면 금식과 같은 새로운 체험이 추가로 필요하다는 주장이다. 이러한 주장들은 골로새교회 교인들의 믿음을 위협했다.

바울은 위와 같은 위협에 직면해 있는 골로새교인들에게 예수님이 누구인지를 강력하게 증거한다. 바울에 따르면 예수님은 우리 눈에 보이도록 나타나신 하나님이시며, 만물의 머리이시고, 창조자이시며 주관자이시다. 오직 예수 그리스도만을 통해 하나님께 인정받을 수 있고, 예수만이 유일하고도 완전하신 구원자이시기에 구원을 위해서는 예수님을 믿는 믿음만으로 충분하다.[11]

예수님을 구주와 주님으로 믿는 믿음을 통해 우리는 새사람이 된다. 믿음 이외에 어떤 규범, 체험, 추가적인 지식을 보충하려고 애쓸 필요가 없다. 이제 하나님께서 우리 안에서 새로운 사람으로 사는 법을 가르쳐 주시기 때문이다(골 3:5-10) 바울은 그리스도에 기초한 믿음만이 우리를 온전히 구원하며, 이전과는 다른 새 사람으로서 성도와의관계뿐만 아니라 삶의 모든 영역에서 새로운 삶을 살아가게 된다고 말한다(골 3:12-4:6).

내용분해[12]

① 서론(1:1-14)
② 그리스도론(1:15-2:23)
③ 그리스도인의 생활(3:1-4:6)
④ 결론(4:7-18)

6 빌레몬서

저자 바울

저작 연대 A.D. 60-62년

수신자 빌레몬과 그 가족(압비아, 아킵보)

기록목적

11 Ibid., 397-8.
12 대한성서공회, "골로새서," 『뱁티스트 성경전서』(서울: 대한성서공회), 2016.

골로새교회의 장로였던 빌레몬에게 그의 도망친 노예 오네시모를 돌려보내면서 용서하고 환영해달라고 요청하기 위해 기록했다.

주요 개요

오네시모는 골로새교회의 장로였던 빌레몬의 종이였는데, 주인의 돈을 훔쳐 로마로 도망쳤다. 그곳에서 바울을 만나 그리스도인이 되었다. 얼마 후에 바울은 오네시모를 빌레몬에게 돌려보내기로 했다. 아마도 바울이 빌레몬을 잘 알고 있었고, 오네시모도 자신의 잘못에 대해 온전한 회개의 기회를 가져야 했기 때문이었을 것이다.

로마의 노예법에 따르면 당시 도망치다 잡힌 노예, 더구나 주인의 돈을 훔쳐 달아났다 잡힌 노예는 주인이 처형할 수 있는 권한이 있었다. 이런 상황에서 바울은 빌레몬에게 오네시모를 돌려보내면서 예전 자리로 회복시켜 줄 것과 그리스도 안에서 한 형제로 영접해 줄 것을 요청했다.

그 이유는 오네시모가 바울을 만나 전도를 받고 신자로 변화되었기 때문이다. 바울은 빌레몬과의 신뢰와 친밀한 관계 그리고 무엇보다 빌레몬의 신실함과 성숙함을 믿고 그리스도 안에서 형제됨이 당시 엄격했던 로마의 노예법을 초월하는 새로운 관계라는 사실을 설명하며 오네시모를 용서하고 받아 달라는 담대한 요청을 했던 것이다. 전승에 따르면 후에 오네시모는 에베소의 감독이 되었다고 한다. 이것이 예수 그리스도께서 구원을 통해 우리 가운데서 일으키시는 놀라운 은혜와 삶의 변화이다.

내용분해[13]

① 인사(1:1–3)
② 빌레몬의 믿음과 사랑(1:4–7)
③ 오네시모를 위한 간구(1:8–22)
④ 끝 인사(1:23–25)

---

13 대한성서공회, "빌레몬서," 『뱁티스트 성경전서』(서울: 대한성서공회), 2016.

빌립보 교회

…하여 같은 사랑을 가지고 뜻을 합하며 한마음을 품어
, 일에든지 다툼이나 허영으로 하지 말고 오직 겸손한 마음으로
4 각각 자기보다 남을 낫게 여기고
각각 자기 일을 돌볼뿐더러 또한 각각 다른 사람들의 일을 돌보아
5 나의 기쁨을 충만하게 하라
6 너희 안에 이 마음을 품으라 곧 그리스도 예수의 마음이니
그는 근본 하나님의 본체시나 하나님과 동등됨을 취할 것으로
7 아니하시고
8 오히려 자기를 비워 종의 형체를 가지사 사람들…
사람의 모양으로 나타나사 자기를 낮추…
9 곧 십자가에 죽으심이라
10

서론

1장 1-9절

바울의 사도 자격 변호

1장 10절 – 2장 21절

이신칭의 복음

3장 1절 – 5장 12절

성령에 의한 새 생활

5장 13절 – 6장 18절

갈라디아서

서론

 1장 1–9절

바울의 사도 자격 변호

1장 10절 – 2장 21절

1장

인사

1 사람들에게서 난 것도 아니요 사람으로 말미암은 것도 아니요 오직 예수 그리스도와 그를 죽은 자 가운데서 살리신 하나님 아버지로 말미암아 사도 된 바울은

2 함께 있는 모든 형제와 더불어 갈라디아 여러 교회들에게

3 우리 하나님 아버지와 주 예수 그리스도로부터 은혜와 평강이 있기를 원하노라

4 그리스도께서 하나님 곧 우리 아버지의 뜻을 따라 이 악한 세대에서 우리를 건지시려고 우리 죄를 대속하기 위하여 자기 몸을 주셨으니

5 영광이 그에게 세세토록 있을지어다 아멘

다른 복음은 없다

6 그리스도의 은혜로 너희를 부르신 이를 이같이 속히 떠나 다른 복음을 따르는 것을 내가 이상하게 여기노라

7 다른 복음은 없나니 다만 어떤 사람들이 너희를 교란하여 그리스도의 복음을 변하게 하려 함이라

8 그러나 우리나 혹은 하늘로부터 온 천사라도 우리가 너희에게 전한 복음 외에 다른 복음을 전하면 저주를 받을지어다

9 우리가 전에 말하였거니와 내가 지금 다시 말하노니 만일 누구든지 너희가 받은 것 외에 다른 복음을 전하면 저주를 받을지어다

10 이제 내가 사람들에게 좋게 하랴 하나님께 좋게 하랴 사람들에게 기쁨을 구하랴 내가 지금까지 사람들의 기쁨을 구하였다면 그리스도의 종이 아니니라

[1장] 인사

1

2

3

4

5

다른 복음은 없다

6

7

8

9

10

갈라디아서

바울의 사도 자격 변호

 1장 10절 – 2장 21절

1장

바울이 사도가 된 내력

11 형제들아 내가 너희에게 알게 하노니 내가 전한 복음은 사람의 뜻
을 따라 된 것이 아니니라
12 이는 내가 사람에게서 받은 것도 아니요 배운 것도 아니요 오직 예
수 그리스도의 계시로 말미암은 것이라
13 내가 이전에 유대교에 있을 때에 행한 일을 너희가 들었거니와 하나
님의 교회를 심히 박해하여 멸하고
14 내가 내 동족 중 여러 연갑자보다 유대교를 지나치게 믿어 내 조상
의 전통에 대하여 더욱 열심이 있었으나
15 그러나 내 어머니의 태로부터 나를 택정하시고 그의 은혜로 나를 부
르신 이가
16 그의 아들을 이방에 전하기 위하여 그를 내 속에 나타내시기를 기
뻐하셨을 때에 내가 곧 혈육과 의논하지 아니하고
17 또 나보다 먼저 사도 된 자들을 만나려고 예루살렘으로 가지 아니
하고 아라비아로 갔다가 다시 다메섹으로 돌아갔노라
18 그 후 삼 년 만에 내가 게바를 방문하려고 예루살렘에 올라가서 그
와 함께 십오 일을 머무는 동안
19 주의 형제 야고보 외에 다른 사도들을 보지 못하였노라
20 보라 내가 너희에게 쓰는 것은 하나님 앞에서 거짓말이 아니로다
21 그 후에 내가 수리아와 길리기아 지방에 이르렀으나
22 그리스도 안에 있는 유대의 교회들이 나를 얼굴로는 알지 못하고

바울이 사도가 된 내력

11

12

13

14

15

16

17

18

19

20

21

22

갈라디아서

바울의 사도 자격 변호

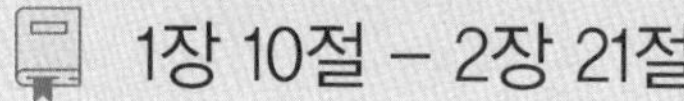

1장 10절 – 2장 21절

1장

23 다만 우리를 박해하던 자가 전에 멸하려던 그 믿음을 지금 전한다 함을 듣고
24 나로 말미암아 하나님께 영광을 돌리니라

2장

할례자의 사도와 이방인의 사도

1 십사 년 후에 내가 바나바와 함께 디도를 데리고 다시 예루살렘에 올라갔나니
2 계시를 따라 올라가 내가 이방 가운데서 전파하는 복음을 그들에게 제시하되 유력한 자들에게 사사로이 한 것은 내가 달음질하는 것이나 달음질한 것이 헛되지 않게 하려 함이라
3 그러나 나와 함께 있는 헬라인 디도까지도 억지로 할례를 받게 하지 아니하였으니
4 이는 가만히 들어온 거짓 형제들 때문이라 그들이 가만히 들어온 것은 그리스도 예수 안에서 우리가 가진 자유를 엿보고 우리를 종으로 삼고자 함이로되
5 그들에게 우리가 한시도 복종하지 아니하였으니 이는 복음의 진리가 항상 너희 가운데 있게 하려 함이라
6 유력하다는 이들 중에 (본래 어떤 이들이든지 내게 상관이 없으며 하나님은 사람을 외모로 취하지 아니하시나니) 저 유력한 이들은 내게 의무를 더하여 준 것이 없고
7 도리어 그들은 내가 무할례자에게 복음 전함을 맡은 것이 베드로가 할례자에게 맡음과 같은 것을 보았고

23

24

[2장] 할례자의 사도와 이방인의 사도

1

2

3

4

5

6

7

바울의 사도 자격 변호

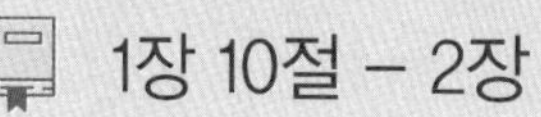

2장

8 베드로에게 역사하사 그를 할례자의 사도로 삼으신 이가 또한 내게
역사하사 나를 이방인의 사도로 삼으셨느니라
9 또 기둥 같이 여기는 야고보와 게바와 요한도 내게 주신 은혜를 알
므로 나와 바나바에게 친교의 악수를 하였으니 우리는 이방인에게
로, 그들은 할례자에게로 가게 하려 함이라
10 다만 우리에게 가난한 자들을 기억하도록 부탁하였으니 이것은 나
도 본래부터 힘써 행하여 왔노라

믿음으로 의롭게 되다

11 게바가 안디옥에 이르렀을 때에 책망 받을 일이 있기로 내가 그를
대면하여 책망하였노라
12 야고보에게서 온 어떤 이들이 이르기 전에 게바가 이방인과 함께 먹
다가 그들이 오매 그가 할례자들을 두려워하여 떠나 물러가매
13 남은 유대인들도 그와 같이 외식하므로 바나바도 그들의 외식에 유
혹되었느니라
14 그러므로 나는 그들이 복음의 진리를 따라 바르게 행하지 아니함을
보고 모든 자 앞에서 게바에게 이르되 네가 유대인으로서 이방인을
따르고 유대인답게 살지 아니하면서 어찌하여 억지로 이방인을 유대
인답게 살게 하려느냐 하였노라
15 우리는 본래 유대인이요 이방 죄인이 아니로되

8

9

10

믿음으로 의롭게 되다

11

12

13

14

15

바울의 사도 자격 변호

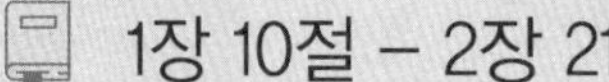

1장 10절 – 2장 21절

이신칭의 복음

3장 1절 – 5장 12절

2장

16 사람이 의롭게 되는 것은 율법의 행위로 말미암음이 아니요 오직 예
수 그리스도를 믿음으로 말미암는 줄 알므로 우리도 그리스도 예수
를 믿나니 이는 우리가 율법의 행위로써가 아니고 그리스도를 믿음
으로써 의롭다 함을 얻으려 함이라 율법의 행위로써는 의롭다 함을
얻을 육체가 없느니라
17 만일 우리가 그리스도 안에서 의롭게 되려 하다가 죄인으로 드러나
면 그리스도께서 죄를 짓게 하는 자냐 결코 그럴 수 없느니라
18 만일 내가 헐었던 것을 다시 세우면 내가 나를 범법한 자로 만드는
것이라
19 내가 율법으로 말미암아 율법에 대하여 죽었나니 이는 하나님에 대
하여 살려 함이라
20 내가 그리스도와 함께 십자가에 못 박혔나니 그런즉 이제는 내가
사는 것이 아니요 오직 내 안에 그리스도께서 사시는 것이라 이제
내가 육체 가운데 사는 것은 나를 사랑하사 나를 위하여 자기 자신
을 버리신 하나님의 아들을 믿는 믿음 안에서 사는 것이라
21 내가 하나님의 은혜를 폐하지 아니하노니 만일 의롭게 되는 것이 율
법으로 말미암으면 그리스도께서 헛되이 죽으셨느니라

3장

갈라디아 사람들에게 호소하다

1 어리석도다 갈라디아 사람들아 예수 그리스도께서 십자가에 못 박
히신 것이 너희 눈 앞에 밝히 보이거늘 누가 너희를 꾀더냐
2 내가 너희에게서 다만 이것을 알려 하노니 너희가 성령을 받은 것이
율법의 행위로냐 혹은 듣고 믿음으로냐

16

17

18

19

20

21

[3장] 갈라디아 사람들에게 호소하다

1

2

이신칭의 복음

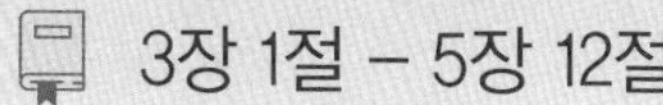

3장 1절 – 5장 12절

3장

3 너희가 이같이 어리석으냐 성령으로 시작하였다가 이제는 육체로 마
치겠느냐
4 너희가 이같이 많은 괴로움을 헛되이 받았느냐 과연 헛되냐
5 너희에게 성령을 주시고 너희 가운데서 능력을 행하시는 이의 일이
율법의 행위에서냐 혹은 듣고 믿음에서냐
6 아브라함이 하나님을 믿으매 그것을 그에게 의로 정하셨다 함과 같
으니라
7 그런즉 믿음으로 말미암은 자들은 아브라함의 자손인 줄 알지어다
8 또 하나님이 이방을 믿음으로 말미암아 의로 정하실 것을 성경이 미
리 알고 먼저 아브라함에게 복음을 전하되 모든 이방인이 너로 말미
암아 복을 받으리라 하였느니라
9 그러므로 믿음으로 말미암은 자는 믿음이 있는 아브라함과 함께 복
을 받느니라
10 무릇 율법 행위에 속한 자들은 저주 아래에 있나니 기록된 바 누구
든지 율법 책에 기록된 대로 모든 일을 항상 행하지 아니하는 자는
저주 아래에 있는 자라 하였음이라
11 또 하나님 앞에서 아무도 율법으로 말미암아 의롭게 되지 못할 것
이 분명하니 이는 의인은 믿음으로 살리라 하였음이라
12 율법은 믿음에서 난 것이 아니니 율법을 행하는 자는 그 가운데서
살리라 하였느니라

3

4
5

6

7
8

9

10

11

12

이신칭의 복음

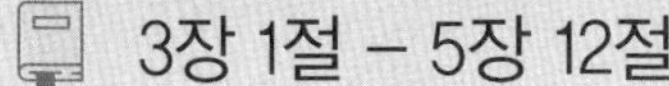
3장 1절 – 5장 12절

3장

13 그리스도께서 우리를 위하여 저주를 받은 바 되사 율법의 저주에서
우리를 속량하셨으니 기록된 바 나무에 달린 자마다 저주 아래에
있는 자라 하였음이라
14 이는 그리스도 예수 안에서 아브라함의 복이 이방인에게 미치게 하
고 또 우리로 하여금 믿음으로 말미암아 성령의 약속을 받게 하려
함이라

율법과 약속

15 형제들아 내가 사람의 예대로 말하노니 사람의 언약이라도 정한 후
에는 아무도 폐하거나 더하거나 하지 못하느니라
16 이 약속들은 아브라함과 그 자손에게 말씀하신 것인데 여럿을 가리
켜 그 자손들이라 하지 아니하시고 오직 한 사람을 가리켜 네 자손
이라 하셨으니 곧 그리스도라
17 내가 이것을 말하노니 하나님께서 미리 정하신 언약을 사백삼십 년
후에 생긴 율법이 폐기하지 못하고 그 약속을 헛되게 하지 못하리라
18 만일 그 유업이 율법에서 난 것이면 약속에서 난 것이 아니리라 그러
나 하나님이 약속으로 말미암아 아브라함에게 주신 것이라
19 그런즉 율법은 무엇이냐 범법하므로 더하여진 것이라 천사들을 통
하여 한 중보자의 손으로 베푸신 것인데 약속하신 자손이 오시기까
지 있을 것이라

13

14

율법과 약속

15

16

17

18

19

이신칭의 복음

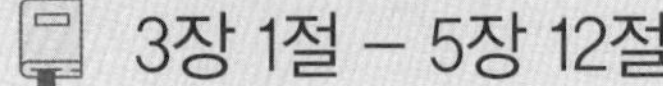

3장

20 그 중보자는 한 편만 위한 자가 아니나 하나님은 한 분이시니라
21 그러면 율법이 하나님의 약속들과 반대되는 것이냐 결코 그럴 수 없
느니라 만일 능히 살게 하는 율법을 주셨더라면 의가 반드시 율법
으로 말미암았으리라
22 그러나 성경이 모든 것을 죄 아래에 가두었으니 이는 예수 그리스도
를 믿음으로 말미암는 약속을 믿는 자들에게 주려 함이라

하나님의 아들

23 믿음이 오기 전에 우리는 율법 아래에 매인 바 되고 계시될 믿음의
때까지 갇혔느니라
24 이같이 율법이 우리를 그리스도께로 인도하는 초등교사가 되어 우
리로 하여금 믿음으로 말미암아 의롭다 함을 얻게 하려 함이라
25 믿음이 온 후로는 우리가 초등교사 아래에 있지 아니하도다
26 너희가 다 믿음으로 말미암아 그리스도 예수 안에서 하나님의 아들
이 되었으니
27 누구든지 그리스도와 합하기 위하여 침례(세례)를 받은 자는 그리
스도로 옷 입었느니라
28 너희는 유대인이나 헬라인이나 종이나 자유인이나 남자나 여자나
다 그리스도 예수 안에서 하나이니라
29 너희가 그리스도의 것이면 곧 아브라함의 자손이요 약속대로 유업
을 이을 자니라

20

21

22

하나님의 아들

23

24

25

26

27

28

29

이신칭의 복음

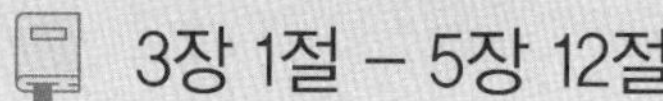

4장

1 내가 또 말하노니 유업을 이을 자가 모든 것의 주인이나 어렸을 동
안에는 종과 다름이 없어서
2 그 아버지가 정한 때까지 후견인과 청지기 아래에 있나니
3 이와 같이 우리도 어렸을 때에 이 세상의 초등학문 아래에 있어서
종 노릇 하였더니
4 때가 차매 하나님이 그 아들을 보내사 여자에게서 나게 하시고 율
법 아래에 나게 하신 것은
5 율법 아래에 있는 자들을 속량하시고 우리로 아들의 명분을 얻게
하려 하심이라
6 너희가 아들이므로 하나님이 그 아들의 영을 우리 마음 가운데 보
내사 아빠 아버지라 부르게 하셨느니라
7 그러므로 네가 이 후로는 종이 아니요 아들이니 아들이면 하나님으
로 말미암아 유업을 받을 자니라

바울이 갈라디아 교회를 염려하다

8 그러나 너희가 그 때에는 하나님을 알지 못하여 본질상 하나님이 아
닌 자들에게 종 노릇 하였더니
9 이제는 너희가 하나님을 알 뿐 아니라 더욱이 하나님이 아신 바 되
었거늘 어찌하여 다시 약하고 천박한 초등학문으로 돌아가서 다시
그들에게 종 노릇 하려 하느냐
10 너희가 날과 달과 절기와 해를 삼가 지키니
11 내가 너희를 위하여 수고한 것이 헛될까 두려워하노라

[4장]

1

2

3

4

5

6

7

바울이 갈라디아 교회를 염려하다

8

9

10

11

이신칭의 복음

 3장 1절 – 5장 12절

4장

12 형제들아 내가 너희와 같이 되었은즉 너희도 나와 같이 되기를 구하
노라 너희가 내게 해롭게 하지 아니하였느니라
13 내가 처음에 육체의 약함으로 말미암아 너희에게 복음을 전한 것을
너희가 아는 바라
14 너희를 시험하는 것이 내 육체에 있으되 이것을 너희가 업신여기지
도 아니하며 버리지도 아니하고 오직 나를 하나님의 천사와 같이 또
는 그리스도 예수와 같이 영접하였도다
15 너희의 복이 지금 어디 있느냐 내가 너희에게 증언하노니 너희가 할
수만 있었더라면 너희의 눈이라도 빼어 나에게 주었으리라
16 그런즉 내가 너희에게 참된 말을 하므로 원수가 되었느냐
17 그들이 너희에게 대하여 열심 내는 것은 좋은 뜻이 아니요 오직 너
희를 이간시켜 너희로 그들에게 대하여 열심을 내게 하려 함이라
18 좋은 일에 대하여 열심으로 사모함을 받음은 내가 너희를 대하였을
때뿐 아니라 언제든지 좋으니라
19 나의 자녀들아 너희 속에 그리스도의 형상을 이루기까지 다시 너희
를 위하여 해산하는 수고를 하노니
20 내가 이제라도 너희와 함께 있어 내 언성을 높이려 함은 너희에 대
하여 의혹이 있음이라

하갈과 사라

21 내게 말하라 율법 아래에 있고자 하는 자들아 율법을 듣지 못하였
느냐

12

13

14

15

16

17

18

19

20

하갈과 사라

21

이신칭의 복음

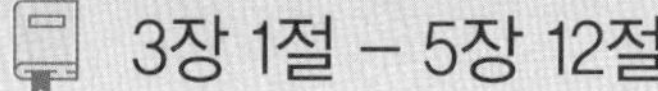

3장 1절 – 5장 12절

4장

22 기록된 바 아브라함에게 두 아들이 있으니 하나는 여종에게서, 하
나는 자유 있는 여자에게서 났다 하였으며
23 여종에게서는 육체를 따라 났고 자유 있는 여자에게서는 약속으로
말미암았느니라
24 이것은 비유니 이 여자들은 두 언약이라 하나는 시내 산으로부터
종을 낳은 자니 곧 하갈이라
25 이 하갈은 아라비아에 있는 시내 산으로서 지금 있는 예루살렘과
같은 곳이니 그가 그 자녀들과 더불어 종 노릇 하고
26 오직 위에 있는 예루살렘은 자유자니 곧 우리 어머니라
27 기록된 바 잉태하지 못한 자여 즐거워하라 산고를 모르는 자여 소
리 질러 외치라 이는 홀로 사는 자의 자녀가 남편 있는 자의 자녀보
다 많음이라 하였으니
28 형제들아 너희는 이삭과 같이 약속의 자녀라
29 그러나 그 때에 육체를 따라 난 자가 성령을 따라 난 자를 박해한
것 같이 이제도 그러하도다
30 그러나 성경이 무엇을 말하느냐 여종과 그 아들을 내쫓으라 여종의
아들이 자유 있는 여자의 아들과 더불어 유업을 얻지 못하리라 하
였느니라
31 그런즉 형제들아 우리는 여종의 자녀가 아니요 자유 있는 여자의 자
녀니라

22

23

24

25

26

27

28

29

30

31

이신칭의 복음

 3장 1절 – 5장 12절

5장

1 그리스도께서 우리를 자유롭게 하려고 자유를 주셨으니 그러므로 굳건하게 서서 다시는 종의 멍에를 메지 말라

그리스도인의 자유와 사랑

2 보라 나 바울은 너희에게 말하노니 너희가 만일 할례를 받으면 그리스도께서 너희에게 아무 유익이 없으리라

3 내가 할례를 받는 각 사람에게 다시 증언하노니 그는 율법 전체를 행할 의무를 가진 자라

4 율법 안에서 의롭다 함을 얻으려 하는 너희는 그리스도에게서 끊어지고 은혜에서 떨어진 자로다

5 우리가 성령으로 믿음을 따라 의의 소망을 기다리노니

6 그리스도 예수 안에서는 할례나 무할례나 효력이 없으되 사랑으로써 역사하는 믿음뿐이니라

7 너희가 달음질을 잘 하더니 누가 너희를 막아 진리를 순종하지 못하게 하더냐

8 그 권면은 너희를 부르신 이에게서 난 것이 아니니라

9 적은 누룩이 온 덩이에 퍼지느니라

10 나는 너희가 아무 다른 마음을 품지 아니할 줄을 주 안에서 확신하노라 그러나 너희를 요동하게 하는 자는 누구든지 심판을 받으리라

[5장]

1

그리스도인의 자유와 사랑

2

3

4

5

6

7

8

9

10

갈라디아서

이신칭의 복음

3장 1절 – 5장 12절

성령에 의한 새 생활

5장 13절 – 6장 18절

5장

11 형제들아 내가 지금까지 할례를 전한다면 어찌하여 지금까지 박해
를 받으리요 그리하였으면 십자가의 걸림돌이 제거되었으리니
12 너희를 어지럽게 하는 자들은 스스로 베어 버리기를 원하노라
13 형제들아 너희가 자유를 위하여 부르심을 입었으나 그러나 그 자유
로 육체의 기회를 삼지 말고 오직 사랑으로 서로 종 노릇 하라
14 온 율법은 네 이웃 사랑하기를 네 자신 같이 하라 하신 한 말씀에
서 이루어졌나니
15 만일 서로 물고 먹으면 피차 멸망할까 조심하라

육체의 일과 성령의 열매

16 내가 이르노니 너희는 성령을 따라 행하라 그리하면 육체의 욕심을
이루지 아니하리라
17 육체의 소욕은 성령을 거스르고 성령은 육체를 거스르나니 이 둘이
서로 대적함으로 너희가 원하는 것을 하지 못하게 하려 함이니라
18 너희가 만일 성령의 인도하시는 바가 되면 율법 아래에 있지 아니하
리라
19 육체의 일은 분명하니 곧 음행과 더러운 것과 호색과
20 우상 숭배와 주술과 원수 맺는 것과 분쟁과 시기와 분냄과 당 짓는
것과 분열함과 이단과
21 투기와 술 취함과 방탕함과 또 그와 같은 것들이라 전에 너희에게
경계한 것 같이 경계하노니 이런 일을 하는 자들은 하나님의 나라
를 유업으로 받지 못할 것이요

11

12
13

14

15
육체의 일과 성령의 열매
16

17

18

19
20

21

성령에 의한 새 생활

5장 13절 – 6장 18절

5장

22 오직 성령의 열매는 사랑과 희락과 화평과 오래 참음과 자비와 양선
과 충성과
23 온유와 절제니 이같은 것을 금지할 법이 없느니라
24 그리스도 예수의 사람들은 육체와 함께 그 정욕과 탐심을 십자가에
못 박았느니라
25 만일 우리가 성령으로 살면 또한 성령으로 행할지니
26 헛된 영광을 구하여 서로 노엽게 하거나 서로 투기하지 말지니라

6장

짐을 서로 지라

1 형제들아 사람이 만일 무슨 범죄한 일이 드러나거든 신령한 너희는
온유한 심령으로 그러한 자를 바로잡고 너 자신을 살펴보아 너도
시험을 받을까 두려워하라
2 너희가 짐을 서로 지라 그리하여 그리스도의 법을 성취하라
3 만일 누가 아무 것도 되지 못하고 된 줄로 생각하면 스스로 속임이라
4 각각 자기의 일을 살피라 그리하면 자랑할 것이 자기에게는 있어도
남에게는 있지 아니하리니
5 각각 자기의 짐을 질 것이라
6 가르침을 받는 자는 말씀을 가르치는 자와 모든 좋은 것을 함께 하
라
7 스스로 속이지 말라 하나님은 업신여김을 받지 아니하시나니 사람
이 무엇으로 심든지 그대로 거두리라
8 자기의 육체를 위하여 심는 자는 육체로부터 썩어질 것을 거두고 성
령을 위하여 심는 자는 성령으로부터 영생을 거두리라

22

23

24

25

26

[6장] 짐을 서로 지라

1

2

3

4

5

6

7

8

성령에 의한 새 생활

5장 13절 – 6장 18절

6장

9 우리가 선을 행하되 낙심하지 말지니 포기하지 아니하면 때가 이르
매 거두리라
10 그러므로 우리는 기회 있는 대로 모든 이에게 착한 일을 하되 더욱
믿음의 가정들에게 할지니라

할례와 그리스도의 십자가

11 내 손으로 너희에게 이렇게 큰 글자로 쓴 것을 보라
12 무릇 육체의 모양을 내려 하는 자들이 억지로 너희에게 할례를 받
게 함은 그들이 그리스도의 십자가로 말미암아 박해를 면하려 함뿐
이라
13 할례를 받은 그들이라도 스스로 율법은 지키지 아니하고 너희에게
할례를 받게 하려 하는 것은 그들이 너희의 육체로 자랑하려 함이라
14 그러나 내게는 우리 주 예수 그리스도의 십자가 외에 결코 자랑할
것이 없으니 그리스도로 말미암아 세상이 나를 대하여 십자가에 못
박히고 내가 또한 세상을 대하여 그러하니라
15 할례나 무할례가 아무 것도 아니로되 오직 새로 지으심을 받는 것
만이 중요하니라
16 무릇 이 규례를 행하는 자에게와 하나님의 이스라엘에게 평강과 긍
휼이 있을지어다
17 이 후로는 누구든지 나를 괴롭게 하지 말라 내가 내 몸에 예수의
흔적을 지니고 있노라
18 형제들아 우리 주 예수 그리스도의 은혜가 너희 심령에 있을지어다
아멘

9

10

할례와 그리스도의 십자가

11

12

13

14

15

16

17

18

…하며 같은 사랑을 가지고 뜻을 합하며 한마음을 품어

…일에든지 다툼이나 허영으로 하지 말고 오직 겸손한 마음으로

4 각각 자기보다 남을 낫게 여기고

각각 자기 일을 돌볼뿐더러 또한 각각 다른 사람들의 일을 돌보아

5 나의 기쁨을 충만하게 하라

6 너희 안에 이 마음을 품으라 곧 그리스도 예수의 마음이니

그는 근본 하나님의 본체시나 하나님과 동등됨을 취할 것으로

7 아니하시고

8 오히려 자기를 비워 종의 형체를 가지사 사람들…

사람의 모양으로 나타나사 자기를 낮추…

9 곧 십자가에 죽으심이라

10

인사

1장 1–2절

그리스도 안에 있는 교회

1장 3절 – 3장 21절

교회 안에 거하는 성도의 생활

4장 1절 – 6장 20절

끝 인사

6장 21–24절

인사

1장 1–2절

그리스도 안에 있는 교회

1장 3절 – 3장 21절

1장

인사

1 하나님의 뜻으로 말미암아 그리스도 예수의 사도 된 바울은 에베소
에 있는 성도들과 그리스도 예수 안에 있는 신실한 자들에게 편지
하노니
2 하나님 우리 아버지와 주 예수 그리스도로부터 은혜와 평강이 너희
에게 있을지어다

하늘에 속한 신령한 복

3 찬송하리로다 하나님 곧 우리 주 예수 그리스도의 아버지께서 그리
스도 안에서 하늘에 속한 모든 신령한 복을 우리에게 주시되
4 곧 창세 전에 그리스도 안에서 우리를 택하사 우리로 사랑 안에서
그 앞에 거룩하고 흠이 없게 하시려고
5 그 기쁘신 뜻대로 우리를 예정하사 예수 그리스도로 말미암아 자기
의 아들들이 되게 하셨으니
6 이는 그가 사랑하시는 자 안에서 우리에게 거저 주시는 바 그의 은
혜의 영광을 찬송하게 하려는 것이라
7 우리는 그리스도 안에서 그의 은혜의 풍성함을 따라 그의 피로 말
미암아 속량 곧 죄 사함을 받았느니라
8 이는 그가 모든 지혜와 총명을 우리에게 넘치게 하사
9 그 뜻의 비밀을 우리에게 알리신 것이요 그의 기뻐하심을 따라 그리
스도 안에서 때가 찬 경륜을 위하여 예정하신 것이니
10 하늘에 있는 것이나 땅에 있는 것이 다 그리스도 안에서 통일되게
하려 하심이라

[1장] 인사

1

2

하늘에 속한 신령한 복

3

4

5

6

7

8

9

10

에베소서

그리스도 안에 있는 교회

1장 3절 – 3장 21절

1장

11 모든 일을 그의 뜻의 결정대로 일하시는 이의 계획을 따라 우리가
예정을 입어 그 안에서 기업이 되었으니
12 이는 우리가 그리스도 안에서 전부터 바라던 그의 영광의 찬송이
되게 하려 하심이라
13 그 안에서 너희도 진리의 말씀 곧 너희의 구원의 복음을 듣고 그 안
에서 또한 믿어 약속의 성령으로 인치심을 받았으니
14 이는 우리 기업의 보증이 되사 그 얻으신 것을 속량하시고 그의 영
광을 찬송하게 하려 하심이라

바울의 기도

15 이로 말미암아 주 예수 안에서 너희 믿음과 모든 성도를 향한 사랑
을 나도 듣고
16 내가 기도할 때에 기억하며 너희로 말미암아 감사하기를 그치지 아
니하고
17 우리 주 예수 그리스도의 하나님, 영광의 아버지께서 지혜와 계시의
영을 너희에게 주사 하나님을 알게 하시고
18 너희 마음의 눈을 밝히사 그의 부르심의 소망이 무엇이며 성도 안에
서 그 기업의 영광의 풍성함이 무엇이며
19 그의 힘의 위력으로 역사하심을 따라 믿는 우리에게 베푸신 능력의
지극히 크심이 어떠한 것을 너희로 알게 하시기를 구하노라
20 그의 능력이 그리스도 안에서 역사하사 죽은 자들 가운데서 다시
살리시고 하늘에서 자기의 오른편에 앉히사

11

12

13

14

바울의 기도

15

16

17

18

19

20

에베소서

그리스도 안에 있는 교회

1장 3절 – 3장 21절

1장

21 모든 통치와 권세와 능력과 주권과 이 세상뿐 아니라 오는 세상에
일컫는 모든 이름 위에 뛰어나게 하시고
22 또 만물을 그의 발 아래에 복종하게 하시고 그를 만물 위에 교회의
머리로 삼으셨느니라
23 교회는 그의 몸이니 만물 안에서 만물을 충만하게 하시는 이의 충
만함이니라

2장

허물과 죄로 죽었던 너희를 살리셨다

1 그는 허물과 죄로 죽었던 너희를 살리셨도다
2 그 때에 너희는 그 가운데서 행하여 이 세상 풍조를 따르고 공중의
권세 잡은 자를 따랐으니 곧 지금 불순종의 아들들 가운데서 역사
하는 영이라
3 전에는 우리도 다 그 가운데서 우리 육체의 욕심을 따라 지내며 육
체와 마음의 원하는 것을 하여 다른 이들과 같이 본질상 진노의 자
녀이었더니
4 긍휼이 풍성하신 하나님이 우리를 사랑하신 그 큰 사랑을 인하여
5 허물로 죽은 우리를 그리스도와 함께 살리셨고 (너희는 은혜로 구
원을 받은 것이라)
6 또 함께 일으키사 그리스도 예수 안에서 함께 하늘에 앉히시니
7 이는 그리스도 예수 안에서 우리에게 자비하심으로써 그 은혜의 지
극히 풍성함을 오는 여러 세대에 나타내려 하심이라
8 너희는 그 은혜에 의하여 믿음으로 말미암아 구원을 받았으니 이것
은 너희에게서 난 것이 아니요 하나님의 선물이라

21

22

23

[2장] 허물과 죄로 죽었던 너희를 살리셨다

1

2

3

4

5

6

7

8

그리스도 안에 있는 교회

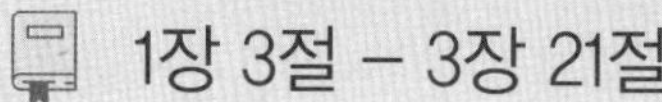
1장 3절 – 3장 21절

2장

9 행위에서 난 것이 아니니 이는 누구든지 자랑하지 못하게 함이라
10 우리는 그가 만드신 바라 그리스도 예수 안에서 선한 일을 위하여
지으심을 받은 자니 이 일은 하나님이 전에 예비하사 우리로 그 가
운데서 행하게 하려 하심이니라

십자가로 화목하게 하시다

11 그러므로 생각하라 너희는 그 때에 육체로는 이방인이요 손으로 육
체에 행한 할례를 받은 무리라 칭하는 자들로부터 할례를 받지 않
은 무리라 칭함을 받는 자들이라
12 그 때에 너희는 그리스도 밖에 있었고 이스라엘 나라 밖의 사람이
라 약속의 언약들에 대하여는 외인이요 세상에서 소망이 없고 하나
님도 없는 자이더니
13 이제는 전에 멀리 있던 너희가 그리스도 예수 안에서 그리스도의 피
로 가까워졌느니라
14 그는 우리의 화평이신지라 둘로 하나를 만드사 원수 된 것 곧 중간
에 막힌 담을 자기 육체로 허시고
15 법조문으로 된 계명의 율법을 폐하셨으니 이는 이 둘로 자기 안에서
한 새 사람을 지어 화평하게 하시고
16 또 십자가로 이 둘을 한 몸으로 하나님과 화목하게 하려 하심이라
원수 된 것을 십자가로 소멸하시고
17 또 오셔서 먼 데 있는 너희에게 평안을 전하시고 가까운 데 있는 자
들에게 평안을 전하셨으니

9

10

십자가로 화목하게 하시다

11

12

13

14

15

16

17

2장

18 이는 그로 말미암아 우리 둘이 한 성령 안에서 아버지께 나아감을 얻게 하려 하심이라

19 그러므로 이제부터 너희는 외인도 아니요 나그네도 아니요 오직 성도들과 동일한 시민이요 하나님의 권속이라

20 너희는 사도들과 선지자들의 터 위에 세우심을 입은 자라 그리스도 예수께서 친히 모퉁잇돌이 되셨느니라

21 그의 안에서 건물마다 서로 연결하여 주 안에서 성전이 되어 가고

22 너희도 성령 안에서 하나님이 거하실 처소가 되기 위하여 그리스도 예수 안에서 함께 지어져 가느니라

3장

하나님의 구원의 경륜의 비밀

1 이러므로 그리스도 예수의 일로 너희 이방인을 위하여 갇힌 자 된 나 바울이 말하거니와

2 너희를 위하여 내게 주신 하나님의 그 은혜의 경륜을 너희가 들었을 터이라

3 곧 계시로 내게 비밀을 알게 하신 것은 내가 먼저 간단히 기록함과 같으니

4 그것을 읽으면 내가 그리스도의 비밀을 깨달은 것을 너희가 알 수 있으리라

5 이제 그의 거룩한 사도들과 선지자들에게 성령으로 나타내신 것 같이 다른 세대에서는 사람의 아들들에게 알리지 아니하셨으니

18

19

20

21

22

[3장] 하나님의 구원의 경륜의 비밀

1

2

3

4

5

그리스도 안에 있는 교회

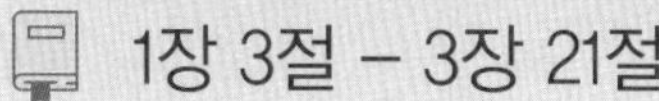

3장

6 이는 이방인들이 복음으로 말미암아 그리스도 예수 안에서 함께 상속자가 되고 함께 지체가 되고 함께 약속에 참여하는 자가 됨이라
7 이 복음을 위하여 그의 능력이 역사하시는 대로 내게 주신 하나님의 은혜의 선물을 따라 내가 일꾼이 되었노라
8 모든 성도 중에 지극히 작은 자보다 더 작은 나에게 이 은혜를 주신 것은 측량할 수 없는 그리스도의 풍성함을 이방인에게 전하게 하시고
9 영원부터 만물을 창조하신 하나님 속에 감추어졌던 비밀의 경륜이 어떠한 것을 드러내게 하려 하심이라
10 이는 이제 교회로 말미암아 하늘에 있는 통치자들과 권세들에게 하나님의 각종 지혜를 알게 하려 하심이니
11 곧 영원부터 우리 주 그리스도 예수 안에서 예정하신 뜻대로 하신 것이라
12 우리가 그 안에서 그를 믿음으로 말미암아 담대함과 확신을 가지고 하나님께 나아감을 얻느니라
13 그러므로 너희에게 구하노니 너희를 위한 나의 여러 환난에 대하여 낙심하지 말라 이는 너희의 영광이니라

그리스도의 사랑을 알게 하시기를

14 이러므로 내가 하늘과 땅에 있는 각 족속에게
15 이름을 주신 아버지 앞에 무릎을 꿇고 비노니

6

7

8

9

10

11

12

13

그리스도의 사랑을 알게 하시기를

14

15

그리스도 안에 있는 교회

1장 3절 – 3장 21절

교회 안에 거하는 성도의 생활

4장 1절 – 6장 20절

3장

16 그의 영광의 풍성함을 따라 그의 성령으로 말미암아 너희 속사람을
능력으로 강건하게 하시오며
17 믿음으로 말미암아 그리스도께서 너희 마음에 계시게 하시옵고 너
희가 사랑 가운데서 뿌리가 박히고 터가 굳어져서
18 능히 모든 성도와 함께 지식에 넘치는 그리스도의 사랑을 알고
19 그 너비와 길이와 높이와 깊이가 어떠함을 깨달아 하나님의 모든 충
만하신 것으로 너희에게 충만하게 하시기를 구하노라
20 우리 가운데서 역사하시는 능력대로 우리가 구하거나 생각하는 모
든 것에 더 넘치도록 능히 하실 이에게
21 교회 안에서와 그리스도 예수 안에서 영광이 대대로 영원무궁하기
를 원하노라 아멘

4장

성령이 하나되게 하신 것

1 그러므로 주 안에서 갇힌 내가 너희를 권하노니 너희가 부르심을 받
은 일에 합당하게 행하여
2 모든 겸손과 온유로 하고 오래 참음으로 사랑 가운데서 서로 용납
하고
3 평안의 매는 줄로 성령이 하나 되게 하신 것을 힘써 지키라
4 몸이 하나요 성령도 한 분이시니 이와 같이 너희가 부르심의 한 소
망 안에서 부르심을 받았느니라
5 주도 한 분이시요 믿음도 하나요 침례(세례)도 하나요
6 하나님도 한 분이시니 곧 만유의 아버지시라 만유 위에 계시고 만유
를 통일하시고 만유 가운데 계시도다

16

17

18

19

20

21

[4장] 성령이 하나되게 하신 것

1

2

3

4

5

6

교회 안에 거하는 성도의 생활

4장 1절 – 6장 20절

4장

7 우리 각 사람에게 그리스도의 선물의 분량대로 은혜를 주셨나니
8 그러므로 이르기를 그가 위로 올라가실 때에 사로잡혔던 자들을 사
로잡으시고 사람들에게 선물을 주셨다 하였도다
9 올라가셨다 하였은즉 땅 아래 낮은 곳으로 내리셨던 것이 아니면 무
엇이냐
10 내리셨던 그가 곧 모든 하늘 위에 오르신 자니 이는 만물을 충만하
게 하려 하심이라
11 그가 어떤 사람은 사도로, 어떤 사람은 선지자로, 어떤 사람은 복음
전하는 자로, 어떤 사람은 목사와 교사로 삼으셨으니
12 이는 성도를 온전하게 하여 봉사의 일을 하게 하며 그리스도의 몸
을 세우려 하심이라
13 우리가 다 하나님의 아들을 믿는 것과 아는 일에 하나가 되어 온전한
사람을 이루어 그리스도의 장성한 분량이 충만한 데까지 이르리니
14 이는 우리가 이제부터 어린 아이가 되지 아니하여 사람의 속임수와
간사한 유혹에 빠져 온갖 교훈의 풍조에 밀려 요동하지 않게 하려
함이라
15 오직 사랑 안에서 참된 것을 하여 범사에 그에게까지 자랄지라 그
는 머리니 곧 그리스도라

7

8

9

10

11

12

13

14

15

교회 안에 거하는 성도의 생활

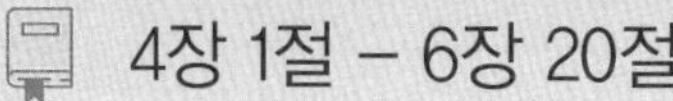

4장

16 그에게서 온 몸이 각 마디를 통하여 도움을 받음으로 연결되고 결
합되어 각 지체의 분량대로 역사하여 그 몸을 자라게 하며 사랑 안
에서 스스로 세우느니라

옛 사람과 새 사람

17 그러므로 내가 이것을 말하며 주 안에서 증언하노니 이제부터 너희
는 이방인이 그 마음의 허망한 것으로 행함 같이 행하지 말라
18 그들의 총명이 어두워지고 그들 가운데 있는 무지함과 그들의 마음
이 굳어짐으로 말미암아 하나님의 생명에서 떠나 있도다
19 그들이 감각 없는 자가 되어 자신을 방탕에 방임하여 모든 더러운
것을 욕심으로 행하되
20 오직 너희는 그리스도를 그같이 배우지 아니하였느니라
21 진리가 예수 안에 있는 것 같이 너희가 참으로 그에게서 듣고 또한
그 안에서 가르침을 받았을진대
22 너희는 유혹의 욕심을 따라 썩어져 가는 구습을 따르는 옛 사람을
벗어 버리고
23 오직 너희의 심령이 새롭게 되어
24 하나님을 따라 의와 진리의 거룩함으로 지으심을 받은 새 사람을 입
으라

하나님을 본받는 생활

25 그런즉 거짓을 버리고 각각 그 이웃과 더불어 참된 것을 말하라 이
는 우리가 서로 지체가 됨이라
26 분을 내어도 죄를 짓지 말며 해가 지도록 분을 품지 말고

16

옛 사람과 새 사람

17

18

19

20

21

22

23

24

하나님을 본받는 생활

25

26

에베소서

교회 안에 거하는 성도의 생활

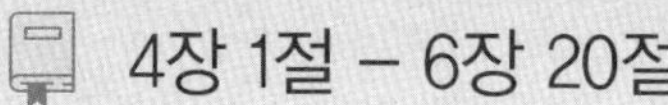

4장

27 마귀에게 틈을 주지 말라

28 도둑질하는 자는 다시 도둑질하지 말고 돌이켜 가난한 자에게 구제할 수 있도록 자기 손으로 수고하여 선한 일을 하라

29 무릇 더러운 말은 너희 입 밖에도 내지 말고 오직 덕을 세우는 데 소용되는 대로 선한 말을 하여 듣는 자들에게 은혜를 끼치게 하라

30 하나님의 성령을 근심하게 하지 말라 그 안에서 너희가 구원의 날까지 인치심을 받았느니라

31 너희는 모든 악독과 노함과 분냄과 떠드는 것과 비방하는 것을 모든 악의와 함께 버리고

32 서로 친절하게 하며 불쌍히 여기며 서로 용서하기를 하나님이 그리스도 안에서 너희를 용서하심과 같이 하라

5장

1 그러므로 사랑을 받는 자녀 같이 너희는 하나님을 본받는 자가 되고

2 그리스도께서 너희를 사랑하신 것 같이 너희도 사랑 가운데서 행하라 그는 우리를 위하여 자신을 버리사 향기로운 제물과 희생제물로 하나님께 드리셨느니라

3 음행과 온갖 더러운 것과 탐욕은 너희 중에서 그 이름조차도 부르지 말라 이는 성도에게 마땅한 바니라

4 누추함과 어리석은 말이나 희롱의 말이 마땅치 아니하니 오히려 감사하는 말을 하라

27

28

29

30

31

32

[5장]

1

2

3

4

교회 안에 거하는 성도의 생활

4장 1절 – 6장 20절

5장

5 너희도 정녕 이것을 알거니와 음행하는 자나 더러운 자나 탐하는
자 곧 우상 숭배자는 다 그리스도와 하나님의 나라에서 기업을 얻
지 못하리니
6 누구든지 헛된 말로 너희를 속이지 못하게 하라 이로 말미암아 하
나님의 진노가 불순종의 아들들에게 임하나니
7 그러므로 그들과 함께 하는 자가 되지 말라
8 너희가 전에는 어둠이더니 이제는 주 안에서 빛이라 빛의 자녀들처
럼 행하라
9 빛의 열매는 모든 착함과 의로움과 진실함에 있느니라
10 주를 기쁘시게 할 것이 무엇인가 시험하여 보라
11 너희는 열매 없는 어둠의 일에 참여하지 말고 도리어 책망하라
12 그들이 은밀히 행하는 것들은 말하기도 부끄러운 것들이라
13 그러나 책망을 받는 모든 것은 빛으로 말미암아 드러나나니 드러나
는 것마다 빛이니라
14 그러므로 이르시기를 잠자는 자여 깨어서 죽은 자들 가운데서 일어
나라 그리스도께서 너에게 비추이시리라 하셨느니라

그리스도의 이름으로 감사하라

15 그런즉 너희가 어떻게 행할지를 자세히 주의하여 지혜 없는 자 같이
하지 말고 오직 지혜 있는 자 같이 하여
16 세월을 아끼라 때가 악하니라
17 그러므로 어리석은 자가 되지 말고 오직 주의 뜻이 무엇인가 이해하라

5

6

7

8

9

10

11

12

13

14

그리스도의 이름으로 감사하라

15

16

17

교회 안에 거하는 성도의 생활

 4장 1절 – 6장 20절

5장

18 술 취하지 말라 이는 방탕한 것이니 오직 성령으로 충만함을 받으라
19 시와 찬송과 신령한 노래들로 서로 화답하며 너희의 마음으로 주께
노래하며 찬송하며
20 범사에 우리 주 예수 그리스도의 이름으로 항상 아버지 하나님께
감사하며
21 그리스도를 경외함으로 피차 복종하라

아내와 남편

22 아내들이여 자기 남편에게 복종하기를 주께 하듯 하라
23 이는 남편이 아내의 머리 됨이 그리스도께서 교회의 머리 됨과 같음
이니 그가 바로 몸의 구주시니라
24 그러므로 교회가 그리스도에게 하듯 아내들도 범사에 자기 남편에
게 복종할지니라
25 남편들아 아내 사랑하기를 그리스도께서 교회를 사랑하시고 그 교
회를 위하여 자신을 주심 같이 하라
26 이는 곧 물로 씻어 말씀으로 깨끗하게 하사 거룩하게 하시고
27 자기 앞에 영광스러운 교회로 세우사 티나 주름 잡힌 것이나 이런
것들이 없이 거룩하고 흠이 없게 하려 하심이라
28 이와 같이 남편들도 자기 아내 사랑하기를 자기 자신과 같이 할지니
자기 아내를 사랑하는 자는 자기를 사랑하는 것이라
29 누구든지 언제나 자기 육체를 미워하지 않고 오직 양육하여 보호하
기를 그리스도께서 교회에게 함과 같이 하나니
30 우리는 그 몸의 지체임이라

18

19

20

21

아내와 남편

22

23

24

25

26

27

28

29

30

교회 안에 거하는 성도의 생활

4장 1절 – 6장 20절

5장

31 그러므로 사람이 부모를 떠나 그의 아내와 합하여 그 둘이 한 육체
가 될지니
32 이 비밀이 크도다 나는 그리스도와 교회에 대하여 말하노라
33 그러나 너희도 각각 자기의 아내 사랑하기를 자신 같이 하고 아내도
자기 남편을 존경하라

6장

자녀와 부모

1 자녀들아 주 안에서 너희 부모에게 순종하라 이것이 옳으니라
2 네 아버지와 어머니를 공경하라 이것은 약속이 있는 첫 계명이니
3 이로써 네가 잘되고 땅에서 장수하리라
4 또 아비들아 너희 자녀를 노엽게 하지 말고 오직 주의 교훈과 훈계
로 양육하라

종과 상전

5 종들아 두려워하고 떨며 성실한 마음으로 육체의 상전에게 순종하
기를 그리스도께 하듯 하라
6 눈가림만 하여 사람을 기쁘게 하는 자처럼 하지 말고 그리스도의
종들처럼 마음으로 하나님의 뜻을 행하고
7 기쁜 마음으로 섬기기를 주께 하듯 하고 사람들에게 하듯 하지 말라
8 이는 각 사람이 무슨 선을 행하든지 종이나 자유인이나 주께로부터
그대로 받을 줄을 앎이라

31

32

33

[6장] 자녀와 부모

1

2

3

4

종과 상전

5

6

7

8

교회 안에 거하는 성도의 생활

4장 1절 – 6장 20절

6장

9 상전들아 너희도 그들에게 이와 같이 하고 위협을 그치라 이는 그
들과 너희의 상전이 하늘에 계시고 그에게는 사람을 외모로 취하는
일이 없는 줄 너희가 앎이라

마귀를 대적하는 싸움

10 끝으로 너희가 주 안에서와 그 힘의 능력으로 강건하여지고
11 마귀의 간계를 능히 대적하기 위하여 하나님의 전신 갑주를 입으라
12 우리의 씨름은 혈과 육을 상대하는 것이 아니요 통치자들과 권세들
과 이 어둠의 세상 주관자들과 하늘에 있는 악의 영들을 상대함이라
13 그러므로 하나님의 전신 갑주를 취하라 이는 악한 날에 너희가 능
히 대적하고 모든 일을 행한 후에 서기 위함이라
14 그런즉 서서 진리로 너희 허리 띠를 띠고 의의 호심경을 붙이고
15 평안의 복음이 준비한 것으로 신을 신고
16 모든 것 위에 믿음의 방패를 가지고 이로써 능히 악한 자의 모든 불
화살을 소멸하고
17 구원의 투구와 성령의 검 곧 하나님의 말씀을 가지라
18 모든 기도와 간구를 하되 항상 성령 안에서 기도하고 이를 위하여
깨어 구하기를 항상 힘쓰며 여러 성도를 위하여 구하라
19 또 나를 위하여 구할 것은 내게 말씀을 주사 나로 입을 열어 복음
의 비밀을 담대히 알리게 하옵소서 할 것이니

9

마귀를 대적하는 싸움

10

11

12

13

14

15

16

17

18

19

교회 안에 거하는 성도의 생활

 4장 1절 – 6장 20절

끝 인사

 6장 21–24절

6장

20 이 일을 위하여 내가 쇠사슬에 매인 사신이 된 것은 나로 이 일에
당연히 할 말을 담대히 하게 하려 하심이라

끝 인사

21 나의 사정 곧 내가 무엇을 하는지 너희에게도 알리려 하노니 사랑을
받은 형제요 주 안에서 진실한 일꾼인 두기고가 모든 일을 너희에게
알리리라
22 우리 사정을 알리고 또 너희 마음을 위로하기 위하여 내가 특별히
그를 너희에게 보내었노라
23 아버지 하나님과 주 예수 그리스도께로부터 평안과 믿음을 겸한 사
랑이 형제들에게 있을지어다
24 우리 주 예수 그리스도를 변함 없이 사랑하는 모든 자에게 은혜가
있을지어다

20

끝 인사

21

22

23

24

[기도와 묵상]

하여 같은 사랑을 가지고 뜻을 합하며 한마음을 품어
일에든지 다툼이나 허영으로 하지 말고 오직 겸손한 마음으로
각각 자기보다 남을 낫게 여기고
4 각각 자기 일을 돌볼뿐더러 또한 각각 다른 사람들의 일을 돌보아
나의 기쁨을 충만하게 하라
5 너희 안에 이 마음을 품으라 곧 그리스도 예수의 마음이니
6 그는 근본 하나님의 본체시나 하나님과 동등됨을 취할 것으로
아니하시고
7 오히려 자기를 비워 종의 형체를 가지사 사람들
8 사람의 모양으로 나타나사 자기를 낮추
곧 십자가에 죽으심이라
9
10

서론
1장 1–11절

개인적인 상황
1장 12–26절

권면
1장 27절 – 2장 18절

동역자 소식
2장 19–30절

바울의 영적 열망
3장 1–21절

그리스도인의 미덕을 권면
4장 1–9절

헌금에 대한 감사
4장 10–20절

문안과 축복
4장 21–23절

손끝에서 피어나는 성도의 자유와 소망
갈라디아서와 옥중서신
Hand Copying Scripture

서론

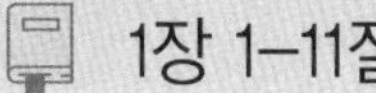

1장 1–11절

1장

인사

1 그리스도 예수의 종 바울과 디모데는 그리스도 예수 안에서 빌립보에 사는 모든 성도와 또한 감독들과 집사들에게 편지하노니

2 하나님 우리 아버지와 주 예수 그리스도로부터 은혜와 평강이 너희에게 있을지어다

빌립보 성도들을 생각하며 간구하다

3 내가 너희를 생각할 때마다 나의 하나님께 감사하며

4 간구할 때마다 너희 무리를 위하여 기쁨으로 항상 간구함은

5 너희가 첫날부터 이제까지 복음을 위한 일에 참여하고 있기 때문이라

6 너희 안에서 착한 일을 시작하신 이가 그리스도 예수의 날까지 이루실 줄을 우리는 확신하노라

7 내가 너희 무리를 위하여 이와 같이 생각하는 것이 마땅하니 이는 너희가 내 마음에 있음이며 나의 매임과 복음을 변명함과 확정함에 너희가 다 나와 함께 은혜에 참여한 자가 됨이라

8 내가 예수 그리스도의 심장으로 너희 무리를 얼마나 사모하는지 하나님이 내 증인이시니라

9 내가 기도하노라 너희 사랑을 지식과 모든 총명으로 점점 더 풍성하게 하사

10 너희로 지극히 선한 것을 분별하며 또 진실하여 허물 없이 그리스도의 날까지 이르고

11 예수 그리스도로 말미암아 의의 열매가 가득하여 하나님의 영광과 찬송이 되기를 원하노라

[1장] 인사

1

2

빌립보 성도들을 생각하며 간구하다

3

4

5

6

7

8

9

10

11

빌립보서

개인적인 상황

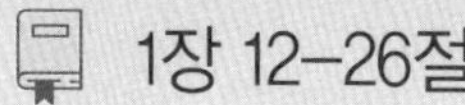

1장 12-26절

1장

바울의 매임과 복음 전파

12 형제들아 내가 당한 일이 도리어 복음 전파에 진전이 된 줄을 너희
가 알기를 원하노라

13 이러므로 나의 매임이 그리스도 안에서 모든 시위대 안과 그 밖의
모든 사람에게 나타났으니

14 형제 중 다수가 나의 매임으로 말미암아 주 안에서 신뢰함으로 겁
없이 하나님의 말씀을 더욱 담대히 전하게 되었느니라

15 어떤 이들은 투기와 분쟁으로, 어떤 이들은 착한 뜻으로 그리스도
를 전파하나니

16 이들은 내가 복음을 변증하기 위하여 세우심을 받은 줄 알고 사랑
으로 하나

17 그들은 나의 매임에 괴로움을 더하게 할 줄로 생각하여 순수하지
못하게 다툼으로 그리스도를 전파하느니라

18 그러면 무엇이냐 겉치레로 하나 참으로 하나 무슨 방도로 하든지 전
파되는 것은 그리스도니 이로써 나는 기뻐하고 또한 기뻐하리라

19 이것이 너희의 간구와 예수 그리스도의 성령의 도우심으로 나를 구
원에 이르게 할 줄 아는 고로

20 나의 간절한 기대와 소망을 따라 아무 일에든지 부끄러워하지 아니
하고 지금도 전과 같이 온전히 담대하여 살든지 죽든지 내 몸에서
그리스도가 존귀하게 되게 하려 하나니

21 이는 내게 사는 것이 그리스도니 죽는 것도 유익함이라

바울의 매임과 복음 전파

12

13

14

15

16

17

18

19

20

21

빌립보서

개인적인 상황

1장 12-26절

권면

1장 27절 – 2장 18절

1장

22 그러나 만일 육신으로 사는 이것이 내 일의 열매일진대 무엇을 택해
야 할는지 나는 알지 못하노라
23 내가 그 둘 사이에 끼었으니 차라리 세상을 떠나서 그리스도와 함
께 있는 것이 훨씬 더 좋은 일이라 그렇게 하고 싶으나
24 내가 육신으로 있는 것이 너희를 위하여 더 유익하리라
25 내가 살 것과 너희 믿음의 진보와 기쁨을 위하여 너희 무리와 함께
거할 이것을 확실히 아노니
26 내가 다시 너희와 같이 있음으로 그리스도 예수 안에서 너희 자랑
이 나로 말미암아 풍성하게 하려 함이라
27 오직 너희는 그리스도의 복음에 합당하게 생활하라 이는 내가 너희
에게 가 보나 떠나 있으나 너희가 한마음으로 서서 한 뜻으로 복음
의 신앙을 위하여 협력하는 것과
28 무슨 일에든지 대적하는 자들 때문에 두려워하지 아니하는 이 일을
듣고자 함이라 이것이 그들에게는 멸망의 증거요 너희에게는 구원
의 증거니 이는 하나님께로부터 난 것이라
29 그리스도를 위하여 너희에게 은혜를 주신 것은 다만 그를 믿을 뿐
아니라 또한 그를 위하여 고난도 받게 하려 하심이라
30 너희에게도 그와 같은 싸움이 있으니 너희가 내 안에서 본 바요 이
제도 내 안에서 듣는 바니라

2장

그리스도의 겸손

1 그러므로 그리스도 안에 무슨 권면이나 사랑의 무슨 위로나 성령의
무슨 교제나 긍휼이나 자비가 있거든

22

23

24
25

26

27

28

29

30

[2장] 그리스도의 겸손

1

권면

1장 27절 – 2장 18절

2장

2 마음을 같이하여 같은 사랑을 가지고 뜻을 합하며 한마음을 품어
3 아무 일에든지 다툼이나 허영으로 하지 말고 오직 겸손한 마음으로
각각 자기보다 남을 낫게 여기고
4 각각 자기 일을 돌볼뿐더러 또한 각각 다른 사람들의 일을 돌보아
나의 기쁨을 충만하게 하라
5 너희 안에 이 마음을 품으라 곧 그리스도 예수의 마음이니
6 그는 근본 하나님의 본체시나 하나님과 동등됨을 취할 것으로 여기
지 아니하시고
7 오히려 자기를 비워 종의 형체를 가지사 사람들과 같이 되셨고
8 사람의 모양으로 나타나사 자기를 낮추시고 죽기까지 복종하셨으니
곧 십자가에 죽으심이라
9 이러므로 하나님이 그를 지극히 높여 모든 이름 위에 뛰어난 이름을
주사
10 하늘에 있는 자들과 땅에 있는 자들과 땅 아래에 있는 자들로 모든
무릎을 예수의 이름에 꿇게 하시고
11 모든 입으로 예수 그리스도를 주라 시인하여 하나님 아버지께 영광
을 돌리게 하셨느니라

하나님의 흠 없는 자녀로 살라

12 그러므로 나의 사랑하는 자들아 너희가 나 있을 때뿐 아니라 더욱
지금 나 없을 때에도 항상 복종하여 두렵고 떨림으로 너희 구원을
이루라

2

3

4

5

6

7

8

9

10

11

하나님의 흠 없는 자녀로 살라

12

권면

1장 27절 – 2장 18절

동역자 소식

2장 19-30절

2장

13 너희 안에서 행하시는 이는 하나님이시니 자기의 기쁘신 뜻을 위하
여 너희에게 소원을 두고 행하게 하시나니
14 모든 일을 원망과 시비가 없이 하라
15 이는 너희가 흠이 없고 순전하여 어그러지고 거스르는 세대 가운데
서 하나님의 흠 없는 자녀로 세상에서 그들 가운데 빛들로 나타내며
16 생명의 말씀을 밝혀 나의 달음질이 헛되지 아니하고 수고도 헛되지
아니함으로 그리스도의 날에 내가 자랑할 것이 있게 하려 함이라
17 만일 너희 믿음의 제물과 섬김 위에 내가 나를 전제로 드릴지라도
나는 기뻐하고 너희 무리와 함께 기뻐하리니
18 이와 같이 너희도 기뻐하고 나와 함께 기뻐하라

디모데와 에바브로디도

19 내가 디모데를 속히 너희에게 보내기를 주 안에서 바람은 너희의 사
정을 앎으로 안위를 받으려 함이니
20 이는 뜻을 같이하여 너희 사정을 진실히 생각할 자가 이밖에 내게
없음이라
21 그들이 다 자기 일을 구하고 그리스도 예수의 일을 구하지 아니하되
22 디모데의 연단을 너희가 아나니 자식이 아버지에게 함같이 나와 함
께 복음을 위하여 수고하였느니라
23 그러므로 내가 내 일이 어떻게 될지를 보아서 곧 이 사람을 보내기
를 바라고
24 나도 속히 가게 될 것을 주 안에서 확신하노라

13

14

15

16

17

18

디모데와 에바브로디도

19

20

21

22

23

24

빌립보서

동역자 소식

2장 19-30절

바울의 영적 열망

3장 1-21절

2장

25 그러나 에바브로디도를 너희에게 보내는 것이 필요한 줄로 생각하노
니 그는 나의 형제요 함께 수고하고 함께 군사 된 자요 너희 사자로
내가 쓸 것을 돕는 자라
26 그가 너희 무리를 간절히 사모하고 자기가 병든 것을 너희가 들은
줄을 알고 심히 근심한지라
27 그가 병들어 죽게 되었으나 하나님이 그를 긍휼히 여기셨고 그뿐 아
니라 또 나를 긍휼히 여기사 내 근심 위에 근심을 면하게 하셨느니라
28 그러므로 내가 더욱 급히 그를 보낸 것은 너희로 그를 다시 보고 기
뻐하게 하며 내 근심도 덜려 함이니라
29 이러므로 너희가 주 안에서 모든 기쁨으로 그를 영접하고 또 이와
같은 자들을 존귀히 여기라
30 그가 그리스도의 일을 위하여 죽기에 이르러도 자기 목숨을 돌보지
아니한 것은 나를 섬기는 너희의 일에 부족함을 채우려 함이니라

3장

하나님께로부터 난 의

1 끝으로 나의 형제들아 주 안에서 기뻐하라 너희에게 같은 말을 쓰
는 것이 내게는 수고로움이 없고 너희에게는 안전하니라
2 개들을 삼가고 행악하는 자들을 삼가고 몸을 상해하는 일을 삼가라
3 하나님의 성령으로 봉사하며 그리스도 예수로 자랑하고 육체를 신
뢰하지 아니하는 우리가 곧 할례파라
4 그러나 나도 육체를 신뢰할 만하며 만일 누구든지 다른 이가 육체
를 신뢰할 것이 있는 줄로 생각하면 나는 더욱 그러하리니

25

26

27

28

29

30

[3장] 하나님께로부터 난 의

1

2

3

4

바울의 영적 열망

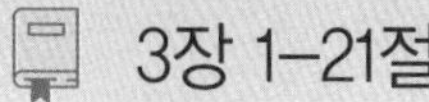

3장 1–21절

3장

5 나는 팔일 만에 할례를 받고 이스라엘 족속이요 베냐민 지파요 히
브리인 중의 히브리인이요 율법으로는 바리새인이요
6 열심으로는 교회를 박해하고 율법의 의로는 흠이 없는 자라
7 그러나 무엇이든지 내게 유익하던 것을 내가 그리스도를 위하여 다
해로 여길뿐더러
8 또한 모든 것을 해로 여김은 내 주 그리스도 예수를 아는 지식이 가
장 고상하기 때문이라 내가 그를 위하여 모든 것을 잃어버리고 배설
물로 여김은 그리스도를 얻고
9 그 안에서 발견되려 함이니 내가 가진 의는 율법에서 난 것이 아니
요 오직 그리스도를 믿음으로 말미암은 것이니 곧 믿음으로 하나님
께로부터 난 의라
10 내가 그리스도와 그 부활의 권능과 그 고난에 참여함을 알고자 하
여 그의 죽으심을 본받아
11 어떻게 해서든지 죽은 자 가운데서 부활에 이르려 하노니
12 내가 이미 얻었다 함도 아니요 온전히 이루었다 함도 아니라 오직 내
가 그리스도 예수께 잡힌 바 된 그것을 잡으려고 달려가노라
13 형제들아 나는 아직 내가 잡은 줄로 여기지 아니하고 오직 한 일 즉
뒤에 있는 것은 잊어버리고 앞에 있는 것을 잡으려고
14 푯대를 향하여 그리스도 예수 안에서 하나님이 위에서 부르신 부름
의 상을 위하여 달려가노라

그리스도인의 미덕을 권면

4장 1–9절

4장

1 그러므로 나의 사랑하고 사모하는 형제들, 나의 기쁨이요 면류관인
사랑하는 자들아 이와 같이 주 안에 서라

권면

2 내가 유오디아를 권하고 순두게를 권하노니 주 안에서 같은 마음을
품으라

3 또 참으로 나와 멍에를 같이한 네게 구하노니 복음에 나와 함께 힘
쓰던 저 여인들을 돕고 또한 글레멘드와 그 외에 나의 동역자들을
도우라 그 이름들이 생명책에 있느니라

4 주 안에서 항상 기뻐하라 내가 다시 말하노니 기뻐하라

5 너희 관용을 모든 사람에게 알게 하라 주께서 가까우시니라

6 아무 것도 염려하지 말고 다만 모든 일에 기도와 간구로, 너희 구할
것을 감사함으로 하나님께 아뢰라

7 그리하면 모든 지각에 뛰어난 하나님의 평강이 그리스도 예수 안에
서 너희 마음과 생각을 지키시리라

8 끝으로 형제들아 무엇에든지 참되며 무엇에든지 경건하며 무엇에든
지 옳으며 무엇에든지 정결하며 무엇에든지 사랑 받을 만하며 무엇
에든지 칭찬 받을 만하며 무슨 덕이 있든지 무슨 기림이 있든지 이
것들을 생각하라

9 너희는 내게 배우고 받고 듣고 본 바를 행하라 그리하면 평강의 하
나님이 너희와 함께 계시리라

따라 쓴 날

5

6

7

8

9

10

11

12

13

14

바울의 영적 열망

3장 1-21절

3장

15 그러므로 누구든지 우리 온전히 이룬 자들은 이렇게 생각할지니 만
일 어떤 일에 너희가 달리 생각하면 하나님이 이것도 너희에게 나타
내시리라
16 오직 우리가 어디까지 이르렀든지 그대로 행할 것이라

우리의 시민권은 하늘에

17 형제들아 너희는 함께 나를 본받으라 그리고 너희가 우리를 본받은
것처럼 그와 같이 행하는 자들을 눈여겨 보라
18 내가 여러 번 너희에게 말하였거니와 이제도 눈물을 흘리며 말하노
니 여러 사람들이 그리스도의 십자가의 원수로 행하느니라
19 그들의 마침은 멸망이요 그들의 신은 배요 그 영광은 그들의 부끄러
움에 있고 땅의 일을 생각하는 자라
20 그러나 우리의 시민권은 하늘에 있는지라 거기로부터 구원하는 자
곧 주 예수 그리스도를 기다리노니
21 그는 만물을 자기에게 복종하게 하실 수 있는 자의 역사로 우리의
낮은 몸을 자기 영광의 몸의 형체와 같이 변하게 하시리라

15

16

우리의 시민권은 하늘에

17

18

19

20

21

[기도와 묵상]

[4장]

1

권면

2

3

4

5

6

7

8

9

빌립보서

헌금에 대한 감사

4장 10–20절

4장

빌립보 사람들의 선물

10 내가 주 안에서 크게 기뻐함은 너희가 나를 생각하던 것이 이제 다
시 싹이 남이니 너희가 또한 이를 위하여 생각은 하였으나 기회가
없었느니
11 내가 궁핍하므로 말하는 것이 아니니라 어떠한 형편에든지 나는 자
족하기를 배웠노니
12 나는 비천에 처할 줄도 알고 풍부에 처할 줄도 알아 모든 일 곧 배
부름과 배고픔과 풍부와 궁핍에도 처할 줄 아는 일체의 비결을 배
웠노라
13 내게 능력 주시는 자 안에서 내가 모든 것을 할 수 있느니라
14 그러나 너희가 내 괴로움에 함께 참여하였으니 잘하였도다
15 빌립보 사람들아 너희도 알거니와 복음의 시초에 내가 마게도냐를
떠날 때에 주고 받는 내 일에 참여한 교회가 너희 외에 아무도 없었
느니라
16 데살로니가에 있을 때에도 너희가 한 번뿐 아니라 두 번이나 나의
쓸 것을 보내었도다
17 내가 선물을 구함이 아니요 오직 너희에게 유익하도록 풍성한 열매
를 구함이라
18 내게는 모든 것이 있고 또 풍부한지라 에바브로디도 편에 너희가 준
것을 받으므로 내가 풍족하니 이는 받으실 만한 향기로운 제물이요
하나님을 기쁘시게 한 것이라

빌립보 사람들의 선물

10

11

12

13

14

15

16

17

18

빌립보서

헌금에 대한 감사

4장 10-20절

문안과 축복

4장 21-23절

4장

19 나의 하나님이 그리스도 예수 안에서 영광 가운데 그 풍성한 대로
너희 모든 쓸 것을 채우시리라
20 하나님 곧 우리 아버지께 세세 무궁하도록 영광을 돌릴지어다 아멘

끝인사

21 그리스도 예수 안에 있는 성도에게 각각 문안하라 나와 함께 있는
형제들이 너희에게 문안하고
22 모든 성도들이 너희에게 문안하되 특히 가이사의 집 사람들 중 몇이
니라
23 주 예수 그리스도의 은혜가 너희 심령에 있을지어다

19

20

끝인사

21

22

23

[기도와 묵상]

…며 같은 사랑을 가지고 뜻을 합하며 한마음을 품어

일에든지 다툼이나 허영으로 하지 말고 오직 겸손한 마음으로

4 각각 자기보다 남을 낫게 여기고

각각 자기 일을 돌볼뿐더러 또한 각각 다른 사람들의 일을 돌보아

5 나의 기쁨을 충만하게 하라

6 너희 안에 이 마음을 품으라 곧 그리스도 예수의 마음이니

그는 근본 하나님의 본체시나 하나님과 동등됨을 취할 것으…

7 아니하시고

8 오히려 자기를 비워 종의 형체를 가지사 사람…

사람의 모양으로 나타나사 자기를 낮추…

9 곧 십자가에 죽으심이라

10

서론

1장 1–14절

그리스도론

1장 15절 – 2장 23절

그리스도인의 생활

3장 1절 – 4장 6절

결론

4장 7–18절

골로새서

서론

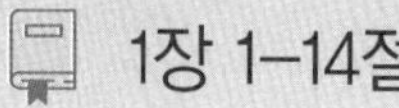

1장 1–14절

1장

인사

1 하나님의 뜻으로 말미암아 그리스도 예수의 사도 된 바울과 형제 디모데는

2 골로새에 있는 성도들 곧 그리스도 안에서 신실한 형제들에게 편지하노니 우리 아버지 하나님으로부터 은혜와 평강이 너희에게 있을지어다

하나님께 감사를 드리다

3 우리가 너희를 위하여 기도할 때마다 하나님 곧 우리 주 예수 그리스도의 아버지께 감사하노라

4 이는 그리스도 예수 안에 너희의 믿음과 모든 성도에 대한 사랑을 들었음이요

5 너희를 위하여 하늘에 쌓아 둔 소망으로 말미암음이니 곧 너희가 전에 복음 진리의 말씀을 들은 것이라

6 이 복음이 이미 너희에게 이르매 너희가 듣고 참으로 하나님의 은혜를 깨달은 날부터 너희 중에서와 같이 또한 온 천하에서도 열매를 맺어 자라는도다

7 이와 같이 우리와 함께 종 된 사랑하는 에바브라에게 너희가 배웠나니 그는 너희를 위한 그리스도의 신실한 일꾼이요

8 성령 안에서 너희 사랑을 우리에게 알린 자니라

하나님의 형상이시요 교회의 머리시라

9 이로써 우리도 듣던 날부터 너희를 위하여 기도하기를 그치지 아니하고 구하노니 너희로 하여금 모든 신령한 지혜와 총명에 하나님의 뜻을 아는 것으로 채우게 하시고

[1장] 인사

1

2

하나님께 감사를 드리다

3

4

5

6

7

8

하나님의 형상이시요 교회의 머리시라

9

골로새서

서론

1장 1–14절

그리스도론

1장 15절 – 2장 23절

1장

10 주께 합당하게 행하여 범사에 기쁘시게 하고 모든 선한 일에 열매를 맺게 하시며 하나님을 아는 것에 자라게 하시고

11 그의 영광의 힘을 따라 모든 능력으로 능하게 하시며 기쁨으로 모든 견딤과 오래 참음에 이르게 하시고

12 우리로 하여금 빛 가운데서 성도의 기업의 부분을 얻기에 합당하게 하신 아버지께 감사하게 하시기를 원하노라

13 그가 우리를 흑암의 권세에서 건져내사 그의 사랑의 아들의 나라로 옮기셨으니

14 그 아들 안에서 우리가 속량 곧 죄 사함을 얻었도다

15 그는 보이지 아니하는 하나님의 형상이시요 모든 피조물보다 먼저 나신 이시니

16 만물이 그에게서 창조되되 하늘과 땅에서 보이는 것들과 보이지 않는 것들과 혹은 왕권들이나 주권들이나 통치자들이나 권세들이나 만물이 다 그로 말미암고 그를 위하여 창조되었고

17 또한 그가 만물보다 먼저 계시고 만물이 그 안에 함께 섰느니라

18 그는 몸인 교회의 머리시라 그가 근본이시요 죽은 자들 가운데서 먼저 나신 이시니 이는 친히 만물의 으뜸이 되려 하심이요

19 아버지께서는 모든 충만으로 예수 안에 거하게 하시고

20 그의 십자가의 피로 화평을 이루사 만물 곧 땅에 있는 것들이나 하늘에 있는 것들이 그로 말미암아 자기와 화목하게 되기를 기뻐하심이라

21 전에 악한 행실로 멀리 떠나 마음으로 원수가 되었던 너희를

10

11

12

13

14

15

16

17

18

19

20

21

골로새서

그리스도론

1장 15절 – 2장 23절

1장

22 이제는 그의 육체의 죽음으로 말미암아 화목하게 하사 너희를 거룩
하고 흠 없고 책망할 것이 없는 자로 그 앞에 세우고자 하셨으니
23 만일 너희가 믿음에 거하고 터 위에 굳게 서서 너희 들은 바 복음의
소망에서 흔들리지 아니하면 그리하리라 이 복음은 천하 만민에게
전파된 바요 나 바울은 이 복음의 일꾼이 되었노라

교회를 위하여 바울이 하는 일

24 나는 이제 너희를 위하여 받는 괴로움을 기뻐하고 그리스도의 남은
고난을 그의 몸된 교회를 위하여 내 육체에 채우노라
25 내가 교회의 일꾼 된 것은 하나님이 너희를 위하여 내게 주신 직분
을 따라 하나님의 말씀을 이루려 함이니라
26 이 비밀은 만세와 만대로부터 감추어졌던 것인데 이제는 그의 성도
들에게 나타났고
27 하나님이 그들로 하여금 이 비밀의 영광이 이방인 가운데 얼마나 풍
성한지를 알게 하려 하심이라 이 비밀은 너희 안에 계신 그리스도시
니 곧 영광의 소망이니라
28 우리가 그를 전파하여 각 사람을 권하고 모든 지혜로 각 사람을 가
르침은 각 사람을 그리스도 안에서 완전한 자로 세우려 함이니
29 이를 위하여 나도 내 속에서 능력으로 역사하시는 이의 역사를 따
라 힘을 다하여 수고하노라

22

23

교회를 위하여 바울이 하는 일

24

25

26

27

28

29

[기도와 묵상]

그리스도론

1장 15절 – 2장 23절

2장

1 내가 너희와 라오디게아에 있는 자들과 무릇 내 육신의 얼굴을 보
지 못한 자들을 위하여 얼마나 힘쓰는지를 너희가 알기를 원하노니
2 이는 그들로 마음에 위안을 받고 사랑 안에서 연합하여 확실한 이해
의 모든 풍성함과 하나님의 비밀인 그리스도를 깨닫게 하려 함이니
3 그 안에는 지혜와 지식의 모든 보화가 감추어져 있느니라
4 내가 이것을 말함은 아무도 교묘한 말로 너희를 속이지 못하게 하
려 함이니
5 이는 내가 육신으로는 떠나 있으나 심령으로는 너희와 함께 있어 너
희가 질서 있게 행함과 그리스도를 믿는 너희 믿음이 굳건한 것을
기쁘게 봄이라

그리스도 안에서 행하라

6 그러므로 너희가 그리스도 예수를 주로 받았으니 그 안에서 행하되
7 그 안에 뿌리를 박으며 세움을 받아 교훈을 받은 대로 믿음에 굳게
서서 감사함을 넘치게 하라
8 누가 철학과 헛된 속임수로 너희를 사로잡을까 주의하라 이것은 사람
의 전통과 세상의 초등학문을 따름이요 그리스도를 따름이 아니니라
9 그 안에는 신성의 모든 충만이 육체로 거하시고

[2장]

1

2

3

4

5

그리스도 안에서 행하라

6

7

8

9

골로새서

그리스도론

 1장 15절 – 2장 23절

2장

10 너희도 그 안에서 충만하여졌으니 그는 모든 통치자와 권세의 머리
시라
11 또 그 안에서 너희가 손으로 하지 아니한 할례를 받았으니 곧 육의
몸을 벗는 것이요 그리스도의 할례니라
12 너희가 침례(세례)로 그리스도와 함께 장사되고 또 죽은 자들 가운
데서 그를 일으키신 하나님의 역사를 믿음으로 말미암아 그 안에서
함께 일으키심을 받았느니라
13 또 범죄와 육체의 무할례로 죽었던 너희를 하나님이 그와 함께 살리
시고 우리의 모든 죄를 사하시고
14 우리를 거스르고 불리하게 하는 법조문으로 쓴 증서를 지우시고 제
하여 버리사 십자가에 못 박으시고
15 통치자들과 권세들을 무력화하여 드러내어 구경거리로 삼으시고 십
자가로 그들을 이기셨느니라
16 그러므로 먹고 마시는 것과 절기나 초하루나 안식일을 이유로 누구
든지 너희를 비판하지 못하게 하라
17 이것들은 장래 일의 그림자이나 몸은 그리스도의 것이니라
18 아무도 꾸며낸 겸손과 천사 숭배를 이유로 너희를 정죄하지 못하게
하라 그가 그 본 것에 의지하여 그 육신의 생각을 따라 헛되이 과장
하고
19 머리를 붙들지 아니하는지라 온 몸이 머리로 말미암아 마디와 힘줄
로 공급함을 받고 연합하여 하나님이 자라게 하시므로 자라느니라

10

11

12

13

14

15

16

17

18

19

골로새서

그리스도론

1장 15절 – 2장 23절

그리스도인의 생활

3장 1절 – 4장 6절

2장

그리스도와 함께하는 새 사람

20 너희가 세상의 초등학문에서 그리스도와 함께 죽었거든 어찌하여
세상에 사는 것과 같이 규례에 순종하느냐
21 (곧 붙잡지도 말고 맛보지도 말고 만지지도 말라 하는 것이니
22 이 모든 것은 한때 쓰이고는 없어지리라) 사람의 명령과 가르침을 따
르느냐
23 이런 것들은 자의적 숭배와 겸손과 몸을 괴롭게 하는 데는 지혜 있
는 모양이나 오직 육체 따르는 것을 금하는 데는 조금도 유익이 없
느니라

3장

1 그러므로 너희가 그리스도와 함께 다시 살리심을 받았으면 위의 것
을 찾으라 거기는 그리스도께서 하나님 우편에 앉아 계시느니라
2 위의 것을 생각하고 땅의 것을 생각하지 말라
3 이는 너희가 죽었고 너희 생명이 그리스도와 함께 하나님 안에 감추
어졌음이라
4 우리 생명이신 그리스도께서 나타나실 그 때에 너희도 그와 함께 영
광 중에 나타나리라
5 그러므로 땅에 있는 지체를 죽이라 곧 음란과 부정과 사욕과 악한
정욕과 탐심이니 탐심은 우상 숭배니라
6 이것들로 말미암아 하나님의 진노가 임하느니라
7 너희도 전에 그 가운데 살 때에는 그 가운데서 행하였으나

그리스도와 함께하는 새 사람

20

21

22

23

[3장]

1

2

3

4

5

6

7

그리스도인의 생활

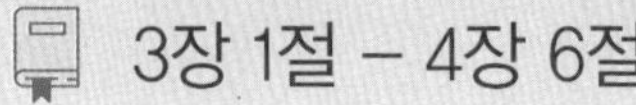

3장 1절 – 4장 6절

3장

8 이제는 너희가 이 모든 것을 벗어 버리라 곧 분함과 노여움과 악의
와 비방과 너희 입의 부끄러운 말이라
9 너희가 서로 거짓말을 하지 말라 옛 사람과 그 행위를 벗어 버리고
10 새 사람을 입었으니 이는 자기를 창조하신 이의 형상을 따라 지식에
까지 새롭게 하심을 입은 자니라
11 거기에는 헬라인이나 유대인이나 할례파나 무할례파나 야만인이나
스구디아인이나 종이나 자유인이 차별이 있을 수 없나니 오직 그리
스도는 만유시요 만유 안에 계시니라
12 그러므로 너희는 하나님이 택하사 거룩하고 사랑 받는 자처럼 긍휼
과 자비와 겸손과 온유와 오래 참음을 옷 입고
13 누가 누구에게 불만이 있거든 서로 용납하여 피차 용서하되 주께서
너희를 용서하신 것 같이 너희도 그리하고
14 이 모든 것 위에 사랑을 더하라 이는 온전하게 매는 띠니라
15 그리스도의 평강이 너희 마음을 주장하게 하라 너희는 평강을 위하
여 한 몸으로 부르심을 받았나니 너희는 또한 감사하는 자가 되라
16 그리스도의 말씀이 너희 속에 풍성히 거하여 모든 지혜로 피차 가
르치며 권면하고 시와 찬송과 신령한 노래를 부르며 감사하는 마음
으로 하나님을 찬양하고
17 또 무엇을 하든지 말에나 일에나 다 주 예수의 이름으로 하고 그를
힘입어 하나님 아버지께 감사하라

8

9

10

11

12

13

14

15

16

17

골로새서

그리스도인의 생활

 3장 1절 – 4장 6절

3장

주께 하듯 하라

18 아내들아 남편에게 복종하라 이는 주 안에서 마땅하니라

19 남편들아 아내를 사랑하며 괴롭게 하지 말라

20 자녀들아 모든 일에 부모에게 순종하라 이는 주 안에서 기쁘게 하는 것이니라

21 아비들아 너희 자녀를 노엽게 하지 말지니 낙심할까 함이라

22 종들아 모든 일에 육신의 상전들에게 순종하되 사람을 기쁘게 하는 자와 같이 눈가림만 하지 말고 오직 주를 두려워하여 성실한 마음으로 하라

23 무슨 일을 하든지 마음을 다하여 주께 하듯 하고 사람에게 하듯 하지 말라

24 이는 기업의 상을 주께 받을 줄 아나니 너희는 주 그리스도를 섬기느니라

25 불의를 행하는 자는 불의의 보응을 받으리니 주는 사람을 외모로 취하심이 없느니라

4장

1 상전들아 의와 공평을 종들에게 베풀지니 너희에게도 하늘에 상전이 계심을 알지어다

권면

2 기도를 계속하고 기도에 감사함으로 깨어 있으라

주께 하듯 하라

18

19

20

21

22

23

24

25

[4장]

1

권면

2

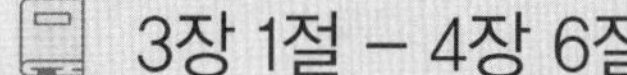

 3장 1절 – 4장 6절

결론

4장 7–18절

4장

3 또한 우리를 위하여 기도하되 하나님이 전도할 문을 우리에게 열어
주사 그리스도의 비밀을 말하게 하시기를 구하라 내가 이 일 때문
에 매임을 당하였노라
4 그리하면 내가 마땅히 할 말로써 이 비밀을 나타내리라
5 외인에게 대해서는 지혜로 행하여 세월을 아끼라
6 너희 말을 항상 은혜 가운데서 소금으로 맛을 냄과 같이 하라 그리
하면 각 사람에게 마땅히 대답할 것을 알리라

끝인사

7 두기고가 내 사정을 다 너희에게 알려 주리니 그는 사랑 받는 형제
요 신실한 일꾼이요 주 안에서 함께 종이 된 자니라
8 내가 그를 특별히 너희에게 보내는 것은 너희로 우리 사정을 알게
하고 너희 마음을 위로하게 하려 함이라
9 신실하고 사랑을 받는 형제 오네시모를 함께 보내노니 그는 너희에
게서 온 사람이라 그들이 여기 일을 다 너희에게 알려 주리라
10 나와 함께 갇힌 아리스다고와 바나바의 생질 마가와 (이 마가에 대
하여 너희가 명을 받았으매 그가 이르거든 영접하라)
11 유스도라 하는 예수도 너희에게 문안하느니라 그들은 할례파이나
이들만은 하나님의 나라를 위하여 함께 역사하는 자들이니 이런 사
람들이 나의 위로가 되었느니라
12 그리스도 예수의 종인 너희에게서 온 에바브라가 너희에게 문안하느
니라 그가 항상 너희를 위하여 애써 기도하여 너희로 하나님의 모든
뜻 가운데서 완전하고 확신 있게 서기를 구하나니

3

4

5

6

끝인사

7

8

9

10

11

12

결론

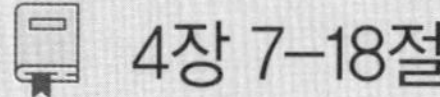

4장

13 그가 너희와 라오디게아에 있는 자들과 히에라볼리에 있는 자들을
위하여 많이 수고하는 것을 내가 증언하노라
14 사랑을 받는 의사 누가와 또 데마가 너희에게 문안하느니라
15 라오디게아에 있는 형제들과 눔바와 그 여자의 집에 있는 교회에 문
안하고
16 이 편지를 너희에게서 읽은 후에 라오디게아인의 교회에서도 읽게
하고 또 라오디게아로부터 오는 편지를 너희도 읽으라
17 아킵보에게 이르기를 주 안에서 받은 직분을 삼가 이루라고 하라
18 나 바울은 친필로 문안하노니 내가 매인 것을 생각하라 은혜가 너
희에게 있을지어다

13

14

15

16

17

18

[기도와 묵상]

하며 같은 사랑을 가지고 뜻을 합하며 한마음을 품어

4 일에든지 다툼이나 허영으로 하지 말고 오직 겸손한 마음으로

각각 자기보다 남을 낫게 여기고

5 각각 자기 일을 돌볼뿐더러 또한 각각 다른 사람들의 일을 돌보아

6 나의 기쁨을 충만하게 하라

너희 안에 이 마음을 품으라 곧 그리스도 예수의 마음이니

7 그는 근본 하나님의 본체시나 하나님과 동등됨을 취할 것으

8 아니하시고

오히려 자기를 비워 종의 형체를 가지사 사람들

9 사람의 모양으로 나타나사 자기를 낮추

곧 십자가에 죽으심이라

10

빌레몬서

빌레몬서

인사 1장 1-3절
빌레몬의 믿음과 사랑 1장 4-7절
오네시모를 위한 간구 1장 8-22절

1장

인사

1 그리스도 예수를 위하여 갇힌 자 된 바울과 및 형제 디모데는 우리의 사랑을 받는 자요 동역자인 빌레몬과

2 자매 압비아와 우리와 함께 병사 된 아킵보와 네 집에 있는 교회에 편지하노니

3 하나님 우리 아버지와 주 예수 그리스도로부터 은혜와 평강이 너희에게 있을지어다

빌레몬의 믿음과 사랑

4 내가 항상 내 하나님께 감사하고 기도할 때에 너를 말함은

5 주 예수와 및 모든 성도에 대한 네 사랑과 믿음이 있음을 들음이니

6 이로써 네 믿음의 교제가 우리 가운데 있는 선을 알게 하고 그리스도께 이르도록 역사하느니라

7 형제여 성도들의 마음이 너로 말미암아 평안함을 얻었으니 내가 너의 사랑으로 많은 기쁨과 위로를 받았노라

오네시모를 위하여 간구하다

8 이러므로 내가 그리스도 안에서 아주 담대하게 네게 마땅한 일로 명할 수도 있으나

9 도리어 사랑으로써 간구하노라 나이가 많은 나 바울은 지금 또 예수 그리스도를 위하여 갇힌 자 되어

10 갇힌 중에서 낳은 아들 오네시모를 위하여 네게 간구하노라

11 그가 전에는 네게 무익하였으나 이제는 나와 네게 유익하므로

인사

1

2

3

빌레몬의 믿음과 사랑

4

5

6

7

오네시모를 위하여 간구하다

8

9

10

11

빌레몬서

오네시모를 위한 간구

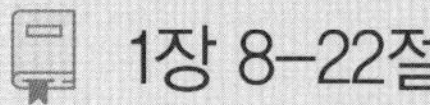

1장 8–22절

1장

12 네게 그를 돌려 보내노니 그는 내 심복이라
13 그를 내게 머물러 있게 하여 내 복음을 위하여 갇힌 중에서 네 대신
나를 섬기게 하고자 하나
14 다만 네 승낙이 없이는 내가 아무 것도 하기를 원하지 아니하노니
이는 너의 선한 일이 억지 같이 되지 아니하고 자의로 되게 하려 함
이라
15 아마 그가 잠시 떠나게 된 것은 너로 하여금 그를 영원히 두게 함이
리니
16 이 후로는 종과 같이 대하지 아니하고 종 이상으로 곧 사랑 받는 형
제로 둘 자라 내게 특별히 그러하거든 하물며 육신과 주 안에서 상
관된 네게랴
17 그러므로 네가 나를 동역자로 알진대 그를 영접하기를 내게 하듯 하고
18 그가 만일 네게 불의를 하였거나 네게 빚진 것이 있으면 그것을 내
앞으로 계산하라
19 나 바울이 친필로 쓰노니 내가 갚으려니와 네가 이 외에 네 자신이
내게 빚진 것은 내가 말하지 아니하노라
20 오 형제여 나로 주 안에서 너로 말미암아 기쁨을 얻게 하고 내 마음
이 그리스도 안에서 평안하게 하라
21 나는 네가 순종할 것을 확신하므로 네게 썼노니 네가 내가 말한 것
보다 더 행할 줄을 아노라

12

13

14

15

16

17

18

19

20

21

오네시모를 위한 간구

 1장 8-22절

끝 인사

1장 23-25절

1장

22 오직 너는 나를 위하여 숙소를 마련하라 너희 기도로 내가 너희에
게 나아갈 수 있기를 바라노라

끝 인사

23 그리스도 예수 안에서 나와 함께 갇힌 자 에바브라와
24 또한 나의 동역자 마가, 아리스다고, 데마, 누가가 문안하느니라
25 우리 주 예수 그리스도의 은혜가 너희 심령과 함께 있을지어다

22

끝 인사

23

24

25

[기도와 묵상]

손끝에서 피어나는 성도의 자유와 소망

갈라디아서와 옥중서신 따라쓰기

Hand Copying Scripture

초판 1쇄 발행 2020년 11월 25일

발행인 이요섭
기획 출판팀
편집 이인애
디자인 박지혜
제작 박태훈
영업 김승훈, 김창윤, 정준용, 이대성

펴낸곳 요단출판사
등록 1973. 8. 23. 제13-10호
주소 07238) 서울특별시 영등포구 국회대로76길 10
기획 (02)2643-9155
영업 (02)2643-7290
Fax(02)2643-1877
구입 문의 요단인터넷서점 www.jordanbook.com

값 12,000원
ISBN 978-89-350-1870-3 03230

십계명

The Ten Commandments

하나님이 이 모든 말씀으로 말씀하여 이르시되
나는 너를 애굽 땅, 종 되었던 집에서 인도하여 낸 네 하나님 여호와니라

제일은, **너는 나 외에는 다른 신들을 네게 두지 말라**

제이는, **너를 위하여 새긴 우상을 만들지 말고 또 위로 하늘에 있는 것이나 아래로 땅에 있는 것이나 땅 아래 물 속에 있는 것의 어떤 형상도 만들지 말며 그것들에게 절하지 말며 그것들을 섬기지 말라**
나 네 하나님 여호와는 질투하는 하나님인즉 나를 미워하는 자의 죄를 갚되 아버지로부터 아들에게로 삼사 대까지 이르게 하거니와 나를 사랑하고 내 계명을 지키는 자에게는 천 대까지 은혜를 베푸느니라

제삼은, **너는 네 하나님 여호와의 이름을 망령되게 부르지 말라**
여호와는 그의 이름을 망령되게 부르는 자를 죄 없다 하지 아니하리라

제사는, **안식일을 기억하여 거룩하게 지키라**
엿새 동안은 힘써 네 모든 일을 행할 것이나 일곱째 날은 네 하나님 여호와의 안식일인즉 너나 네 아들이나 네 딸이나 네 남종이나 네 여종이나 네 가축이나 네 문안에 머무는 객이라도 아무 일도 하지 말라 이는 엿새 동안에 나 여호와가 하늘과 땅과 바다와 그 가운데 모든 것을 만들고 일곱째 날에 쉬었음이라 그러므로 나 여호와가 안식일을 복되게 하여 그 날을 거룩하게 하였느니라